哲学者と詩人

ベルクソンとクローデル

中村 弓子

東信堂

目次／哲学者と詩人――ベルクソンとクローデル――

哲学者と詩人

――ベルクソンとクローデル――

ベルクソン『笑い』最終節の《苦み》が問いかける問題

《問題設定》――『笑い』最終節の《苦み》が問いかける問題

『笑い』の冒頭でベルクソンは、哲学者にとって《笑い》という問題が何であるかについて、次のように言う。

「アリストテレス以来、もっとも偉大な哲学者たちがこの小さな問題ととり組んできたが、この問題は常にかれらの努力の下をすりぬけ、逃げ去り、身をかわしては立ち直ってしまった。哲学的

思索に投げかけられた、こしゃくな挑戦(impertinent défi)である。」(R., 387 強調ベルクソン)

ベルクソン自身は、その「こしゃくな挑戦」をしっかり受け止め、この著作において、実に見事に問題を分析し、その正体を捉え、提示してみせた。

そして、いよいよ考察も尽くされたところに付け加えられたのが、第五節すなわち最終節であるが、それは通常のベルクソンの著作の場合のように、それまでの考察の方向の延長上になされた端正な相貌の《結論》とはなっていない。このたった三頁余りの節の中に、寄せては返す波のごとくに、それまでの考察の方向と、それに対する疑念の方向が交代し、《笑い》と言う問題をめぐって、人間社会のいまだ明らかになっていない深刻な側面が予感されている。かくして、この節を閉じる文字通り最後の言葉は、《苦み》(amertume)となっている。

ヴォルムスもカドリージュ版『笑い』の解説で、「この書は不可思議な《苦み》の調子(étrange note d'amertume)をもって終る」[1]と述べている通りであるが、『笑い』全体をしめくくる最終節の《苦み》のなかには、『笑い』の理論全体を超えゆく問いかけがはらまれていると思われる。[2]

本論では、ベルクソンの《笑い》の理論の核心にある《良識》(bon sens)の概念に注目し、この概念が『笑い』(一九〇〇年)の時期から『道徳と宗教の二源泉』(一九三二年)の時期へと辿った大きな進化を追うことによって、『笑い』最終節の《苦み》のなかに確かに存在する問いかけと予感が、三二年という歳月を経て、『二源泉』の良識論と社会論に確かにつながり展開していることを明らかにしたい。

それはまた同時に、『笑い』最終節の《苦み》の問題が投げかける光のうちに、『二源泉』の良識論と社会論の幾つかの様相を明らかにすることでもあるだろう。

まず、第一節（一）において、『笑い』における、《良識》の概念を核とする、ベルクソンの《笑い》理論を概観し、次に（二）において、同書最終節にはらまれている問いかけと予感を仔細に検討し直す。そして、第二節（一）において、『笑い』における《良識》の概念が、『創造的進化』をへて、『道徳と宗教の二源泉』のヴィジョンの中で、どのように進化していったかを考察することによって、『笑い』最終節の《苦み》が問いかけ予感した問題の具体的展開を解明する。さらに、『二源泉』で哲学者の達したヴィジョンの中に置き直したときに《笑い》について見えてくる一側面を、（二）で一瞥したあと、最後に（三）で、『笑い』最終節の《苦み》が投げかける悲観論が、ベルクソン哲学のうちにおいては、『二源泉』最終章の「機械と神秘主義」における、人類に対する哲学者の《呼びかけ》のうちに最終的な応答を見出すことを指摘したい。

第一節　『笑い』

（一）《笑い》とは何であったか。

まず《笑い》はベルクソンによって、どのようなものとして捉えられたのか、その基本的特徴を見直すことから始めよう。

そのことをはじめるに当たって、ベルクソンの《笑い》論についての良くある誤解を避けるために、この論の扱う《笑い》とは、それが最初に『パリ評論』に発表された際の副題「もっぱらおかしさによって呼び起された笑い」(le rire spécialement provoqué par le comique) に要約されている通りであって、カドリージュ版の解説でヴォルムスも言うように、喜びによる笑いその他、《おかしさ》以外による笑いは一切含まれていないことを確認しておこう。

さて、ベルクソンが自らの《笑い》理論の「ライトモチーフ」(R., 397) と呼ぶものに沿って、《笑い》とは何であったかを簡単に見ておこう。

笑いの第一の特徴は、「ほんとうに人間的 (humain) であるものを除いては、おかしさはない」(R., 388 強調ベルクソン) ということである。「ほかの動物ないしは生命のない物体が笑わせるにいたったとしても、それは人間との類似、人間がそこに刻みつけたしるし、もしくは人間がそれをしようとする仕方によってである。」(R., 388)

笑いの第二の特徴は、「通常、笑いに伴う無感動さ (insensibilité)」(R., 388 強調ベルクソン) である。無関心が笑いの本来的環境であって、笑いにとって感動以上の大敵はない。

笑いの第三の特徴、それは、「われわれの笑いは、常に一つの集団の笑いである (le rire d'un groupe)」(R., 389) ということである。「笑いはどんなにあけすけなものであっても、現実の、あるいは仮想の、ほかの笑い手たちと相互に理解している底意をひそめている。」(R., 390)

この第三の特徴ゆえに、笑いは共同生活の要請に応えるべき一つの「社会的機能」(fonction sociale)」(R.,

390）を持つはずのものであり、笑いのこの「社会的機能」こそは、本論の問題意識の核心に関わるものであるので、この機能についての規定の箇所を少し長くなるが引用しよう。

「生活と社会とがわれわれ各人に要求するもの、それは現在の状況の輪郭を識別する常に目覚めた注意力であり、またわれわれがそれに適応しうるような身体と精神の一種の弾力である。緊張と弾力、これこそ生が参与させている相互に相補う二つの力である。（中略）しかし社会はさらにほかのことを要求する。生活するだけではじゅうぶんではない。よく生活することに固執する。（中略）人と人とのあいだのできあいの協定ではじゅうぶんではない。相互の絶え間ない順応の努力を社会は要求する。そこで、性格、精神のぎこちなさ（raideur）さらに身体のぎこちなささえ、すべて社会にとって心配のたねとなる。というのは、このぎこちなさは、ある活動力が眠り込んだしるしかもしれないし、またある活動力が孤立し、社会がそのまわりを回っている共通の重心から離れていこうとしているしるし、要するに中心はずれのしるしかもしれないからだ。しかもそうかと言って、社会は、物質的に被害を受けているわけではないのだから、ここで物質的な抑圧で応ずることはできない。社会は、なにか心にかかることに対峙しているのだが、それはただ兆候としてであって、ほとんど脅威とも言えず、せいぜい身振り《ジェスト》である。そこで社会は単なる身振りこれに応ずることになる。笑いとはそんなもの、いわば社会的身振り（geste social）であるにちがいない。（中略）社会はその成員から最大の弾力と最高の社会性をうるために、これ［身体、精神および性格のぎこちなさ］

をも取り除こうとしているのだ。このぎこちなさがおかしさであり、そして笑いはこのぎこちなさに対する罰なのである。」(R., 395-396 強調ベルクソン)

笑いとは、以上のように、本質的に、社会の共同生活に障害となるような、身体的、精神的および性格的な《ぎこちなさ》(raideur)を取り除くために、それを罰する《社会的身振り》である。

笑いの対象の核心にあるこの《ぎこちなさ》を、ベルクソンはまた「生きたものにかぶせられた機械的なもの」(du mécanique plaqué sur le vivant)(R., 405 強調ベルクソン)とも呼ぶ。ベルクソンは、こっけいな人物のうちに、状況に合わせて観念を作るのではなく、あくまで「自分の考えを追及する」《自動現象》(automatisme)(R., 476 強調ベルクソン)を指摘するが、《機械的なもの》という規定は、笑いの対象のうちになんらかの形で一貫して存在する、状況に順応しない、という意味での《自動性》の側面を指し示すのに適しているように思われる。この規定にも注意を喚起しておこう。

それに対して、上記の文の「現在の状況の輪郭を識別する常に目覚めた注意力」、「われわれがそれ[現在の状況]に適応しうるような身体と精神の一種の弾力」(強調筆者)、そうした、生活への注意力であり適応力であるものが、ベルクソンがこの書で《良識》(bon sens)と呼ぶものであり、それは後で見るように、『笑い』(一九〇〇年)の四年前の著作『物質と記憶』(一八九六年)の知覚理論のうちに位置づけられた《良識》の概念を基盤としているものであるが、こっけいな人物の《こわばり》は、言い換えるならば《良識》の不足から来るものであって、社会は、その《良識》の不足を笑いをもって罰するのである。

「諸君の前にあるのは風車だ。さっき出かける前に途方も無い腕をした巨人の話が出てくる物語を読んだかどうか、そんなことは問題ではない。良識《ボン・サンス》とは思い出す術を知ることには違いないが、さらに、そして特に、忘れる術を知ることにある。良識は、対象が変わるにつれて、観念を変えて、絶えず適応し、最適応する精神の努力である。それは事物の動きに的確に自分を規正する知性の動きである。それはわれわれの生への注意の動ける契機である。」(R., 475 強調筆者)

『笑い』の「性格のおかしさ」の節でベルクソンは、滑稽な人物に共通の《良識の欠けた》様相を、上記のドン・キホーテの例に続いてモリエールの芝居に沿って次のように指摘している。

「モリエールの芝居で、どれだけの滑稽な場面がこの単純なタイプ、自分の考えを追及する人物、他人が絶えず遮るにもかかわらず常に自分の考えにたちもどってくる人物に還元されていることだろう！」(R., 476 強調ベルクソン)

このような『笑い』(一九〇〇年)の《良識》の概念、さらには『夢』(一九〇一年)におけるそれの基礎となっているのは、前にも見たように、『物質と記憶』の知覚の理論の中に位置づけられた《良識》の概念であるので、最後に、そのようなものとしての《良識》の概念を一応見届けておこう。

「これら相補的な二つの記憶［知覚が促した身体的な反応を、生まれかけの運動として蓄積する《身体的記憶《メモワール・フィジック》》と、一回一回の記憶を心像《イマージュ》として蓄積する《自発的記憶《メモワール・スポンタネ》》］が相接合する的確さにこそ私たちは、《良く平衡のとれた精神》つまるところ生活に完全に適合した人々をみとめるのではないだろうか。行動人の特性をなすものは、与えられた状況に関係あるすべての記憶を喚起して援用する敏捷さである。しかしまた、彼にあっては、無用あるいは無関係な記憶の識域に姿を現すとき、まさに超え難い障壁にぶつかる。単に純粋な現在に生き、刺激に対して、その延長である直接的反作用によって反能する事は、下等動物の特性である。こういうふうに対処する人は衝動の人である。しかし、そのこと事態が楽しくて過去に生きる人、現状に益のない記憶が意識の光のもとに浮かんでくる人もほとんど行動に適していない。この人は衝動の人ではなくて夢想家である。この両極端の間には、現状の輪郭を正しく追うには十分素直で、他の呼びかけに抵抗するには十分強力な、記憶力の恵まれた資質が位置している。良識 (bon sens) あるいは実際的な勘 (sens pratique) は、多分これにほかならないだろう。」(*M.M.*, 293-294　最後の二文の強調筆者)

（二）『笑い』最終節の《苦み》

（一）で見てきたような、共同生活に必要な、生活への注意力であり、適応力であるものとしての《良識》の究極的意義を、『笑い』の時期のベルクソンはどのように評価していたのであろうか。この問題を考察するためには、『笑い』の本来的な《笑い》論のなかに挿入された芸術論の部分に、ひとつの示唆を得ることができると思われる。

ベルクソンはこの部分で、『物質と記憶』において考察した、動物種としての人間の全てを根底において規定している《生きる必要》(nécessité de vivre) を指摘することから始める。

「生きることが必要であった (Il fallait vivre.)。生は人間に事物を、それが人間の必要に対して持っている関係においてとれることを強要する。生きるとは、行動することである。生きること、それは対象物から有用な (utile) 印象だけを受け取り、これに適切な反応で答えることなのだ。」(R., 459 強調ベルクソン)

この箇所に引き続き、ベルクソンは、《生きる必要》によって、そのように「対象物から有用な印象だけを受け取る」ことによって、人間における知覚一般が限定されており、現実の直接的ヴィジョンが得られないこと、そして、芸術はまさに、そうした限定を外し、現実の直接的ヴィジョンを回復させる役割を果たすものであることを指摘する。

「芸術は実用に有効な象徴、因習と社会によって受け入れられている一般性、要するにわれわれから現実を隠しているすべてのものを取り除き、われわれを現実そのものと直面させる以外の目的

は、なにひとつもっていない。(中略)芸術とはたしかに現実のより直接的ヴィジョンにほかならない。」(R., 462)

このように、ベルクソンは、《生きる必要》によって、有用性と一般性の方向に偏向されている通常の知覚の限界を指摘し、そうした限界を乗り越えさせる役割を持つものとして芸術の存在を指摘するのであるが、それに引き続いて挙げられるドラマ芸術の例においては、同じ《生きる必要》によってもたらされる有用性、一般性といった側面が、社会生活においては、限界として捉えられるのではなく、むしろそのまま受け入れられ評価されているのが見出される。

「ドラマが探しあて白光の下にさらけ出すものは、生の必要によってわれわれに隠されている一つの深い現実である。それ[隠されていること]は往々にしてわれわれの利益のためでさえあるのだ。(中略)もし人が、その本来の完成の衝動に自分を重ね、社会法則も道徳法則も存在しなかったら、これらの激しい感情の激発は日常のものとなるであろう、しかし、これらのはらいのけられることは有益である。人が社会を作って生活すること、したがって一つの法則に束縛されることは必要である。そして利益の推奨するものを、理性が命令する。一つの義務が存在し、われわれの使命はこれに従う事なのだ。この二重の影響の下に、人類は、不動性へと向かい、すくなくともすべての人間に共通であろうとし[た]。」(R., 462-463 強調筆者)

以上のように、知覚の場では、《生きる必要》が知覚を有用性、一般性の方向に偏向し限定する側面が指摘されるのに対して、社会的行動の場では、感性の爆発という極端な例を契機とはしているものの、《生きる必要》のもたらす有用性（「生の必要によってわれわれにかくされている」等の強調部分）、一般性（「人類は不動性へと向かい」等の強調部分）の側面が、そのまま受け入れられ評価されている。《生きる必要》に的確に対応する行動の様相は、特に『物質と記憶』における《良識》の定義に明らかなように、正にこの時期のベルクソン的《良識》の様相であって、ここには、そのようなものとしての《良識》の意義が全面的に受け入れられ評価されていると言えるだろう。

ベルクソンは、今後も、《生きる必要》が知覚にもたらす限定を乗り越えて、現実の直接的ヴィジョンを得るための探求を、『形而上学入門』（一九〇三年）などの直観論の方向へと深めてゆくことになるが、一方、社会生活における注意力、適応力としての《良識》については、さし当り基本的に、《生きる必要》の要請を満たすものとして、そのまま受け入れ評価する姿勢であると思われる。

『物質と記憶』の前年一八九五年になされた賞状授与講演「良識と古典学習」の《良識》の概念は、様々な要素をはらみつつも根本的には、『物質と記憶』の《良識》の概念に合致するものであるが、ベルクソンは、それを実生活を場とする「公民の徳」(vertu civique) であるとも規定している。『笑い』において「人類の名誉にかけて、社会的理想と道徳的理想とが本質的に異ならないことは、認められるべきである」(R., 453) と言うベルクソンにとって、《良識》は、《生きる必要》を充足させる「公民の徳」として、その必要性と正当性を認められたものとしてある。

実は、『笑い』の時期のベルクソンのこのような《良識》観は、『道徳と宗教の二源泉』以前の時期、すなわち哲学者としての活動の大半の時期のベルクソンの社会人としての生き方と軌を一にするものであると思われる。

この時期のベルクソンの《生き方《モラル》》について、われわれは既に「心身の合一　ベルクソン哲学からキリスト教へ第二編　哲学者のモラル」[3]において考察したので、ごく簡単に、本論に関わる要点だけを述べておこう。

『生誕百周年版ベルクソン全集』の序論で、グイエは、ベルクソンが『思想と動くもの』などで主張する《科学としての哲学》の概念が、哲学史においてはデカルトの系譜にあり、ただ、その場合の規範となる科学が、デカルトの場合は数学であり、ベルクソンの場合は生物学であるという違いがあるのだと指摘する。

このグイエの指摘を出発点にわれわれは次のように考えた。『方法序説』に述べられているように、デカルトにおいて、厳密な《哲学の方法》をもって《科学としての哲学》を構築することは、他方では、実生活において《仮の道徳》(morale par provision)をもって生きることを要請するものであったが、われわれは、ベルクソンの哲学者としての生き方の中に、一種の《仮の道徳》が浮かび上がるように思われたのである。すなわちベルクソンは、グイエの指摘するように《科学としての哲学》という概念と、それを支える厳密な《科学の方法》の意識をデカルトと共有しているばかりではなく、そのような哲学の概念と不可分なものとしての一種の《仮の道徳》を持って生きたのではないか」[4]

そのデカルトの《仮の道徳》の原理そのものを規定しているように思われる第一の格率は、『方法序説』で次のように述べられるものである。「私の国の法律と習慣とに服従し、神の配慮により幼時から教えこまれた宗教をしっかりと持ち続け、ほかの全ての事では、私がともに生きてゆかねばならぬ人々のうちの最も分別ある人々が、普通に実生活においてとっているところの、最も穏健な、極端からは遠い意見に従って、自分を導くということであった。」[5]

われわれは、主として、ベルクソンの個人教授の生徒であったジルベール・メールの貴重な対談記録によって、社会人としてのベルクソンの姿勢を検証した。ベルクソンは、同時代の右翼の政治運動について、「私が自分に課している知的生活ゆえに、控えめな態度を崩すことはできないのです。」[6]と語り、自身の政治的立場を聞かれて、「穏健であることを習性とし、天性リベラルな人間です」[7]と答え、ドレフュス事件については、「私はドレフュス派の熱狂をともにすることはけっしてありませんでした」[8]と述べ、同化ユダヤ人に一般的な態度を取って沈黙を守ったことがわかる。ベルクソンのこのような一連の態度や、シャルル・ペギーに対する対応などを見ると、そこに、上記のデカルトの《仮の道徳》と似た姿勢が浮かび上がると思われた。

このデカルトの《仮の道徳》の第一の格率も、それに重なるベルクソンの社会人としての姿勢も、『笑い』とその周辺の時期の《良識》の概念、共同生活に必要な、生活への注意力であり、適応力であり、《公民の徳》と呼ぶべきものとしての《良識》とおおよそ合致するのではないだろうか？

人を社会に慣らすために、笑いが果たす《しごき》(brimade)(R., 451)としての役割に似たものとしてベルクソンの挙げる、グラン・ゼコルにおける新入生対象の盛大な《しごき》を、自身も受けたに違いない、エコル・ノルマルにおける青年時代から、哲学教授としての経歴を通じて、ベルクソンは、同化ユダヤ人として、フランス社会の《良識》に適応すべく努めつつ、真摯に生活したのであろうと推測される。

こうして、本節において見てきたように、『笑い』の時期、ベルクソンは、基本的には、《良識》の必要性、正当性を認め、従って、《良識の欠けた人》を罰する社会的身振りとしての笑いの必要性、正当性をも認める立場にあり、それは、社会人としてのベルクソンの姿勢とも軌を一にしながら、『笑い』の本論の立場として完結していると思われる。

しかし、以上の全てにもかかわらずである。

『笑い』という精緻極まりない理論の書の最終節、最後の最後になって、抑え難く、笑いの必要性、正当性に対する疑念が表出し、またそのような疑念の先に、人間性と社会に対する《悲観論》が予感され、最後に、陽気に見える《笑い》の本質の味わいが《苦み》であることが告げられる。この部分の歩みは、本論冒頭にも述べたように、寄せては返す波のごとくであり、ヴォルムスも言うように、「不可思議な調子」[9]と呼ばずにはいられないものであるが、笑いの必要性、正当性に対する疑念は、今まで見てきたように、《良識》そのものの必要性、正当性に対する疑念と不可分であり、ここには、なにか抑え難い予感によって、哲学者として生活人としてのベルクソンの思想の中に、ひとつの亀裂(fissure)と呼ぶべきものが生じている感がある。

問題の部分は、最終節も後半にかかるあたり、笑いの《矯正》(correction)としての役割について、「この点については、言うべきことがたくさんあるはずだ」(R., 481)というところから始まる。

「おおざっぱに言って、一般に、笑いはたしかに有用な役目を果たしている。われわれのすべての分析も、やはりこれを証明する方向をとってきた。」(R., 481)と、まずは今までの論の方向性で笑いの有用性を再確認することから始まる。

しかし直ぐに、波は返す。「しかしそれだからと言って、笑いが常に的を射ているとも、笑いが好意もしくは公平さに裏付けられているということにもならない。」(R., 481)反省の行為ではない笑いは、「罪のない者を襲い、罪ある者を逃し」(R., 482)、「絶対的に正しいものではありえない。」(R., 482)公平さについては、「全体の結果のうちに現われることはあるだろうが、個々の場合の詳細には現われえないことになる。」(R., 482)善良さについては、「笑いは善良であるはずがないことを、もう一度くり返して言っておこう。笑いは屈辱を与えておどかすのを機能としている。」(R., 482)そして、「この点はあまり深く追究しないほうがいいかもしれない、われわれにとってこころよいものはなにひとつみつからないだろうから」(R., 482)と言いつつも、抑え難く、笑いのネガティヴな側面の追及は続けられてゆく。

「笑う者は、(中略)他人の人柄を自分が糸を握っている繰り人形とみなそうとすることが発見されるだろう。それに、このうぬぼれの中に多少の利己主義と、利己主義そのものの背後に、もっと自発的でない苦々しいなにか(quelque chose de moins spontané et de plus amer)、笑う者が自分の笑いを考えれば考えるほどますますはっきりしてくるなんともいえない悲観論の兆し (je ne sais quel pessimisme naissant) を直ぐに判別できるはずだ。」(R., 482)

　笑う者が、自分の利己主義の背後に予感する「もっと自発的でないなにか」とは、なんらか自分を強制する力のようなものであろう。そして、それが同時に「苦々しい (amer) なにか」でもあるわけで、この最終節の結語に登場する、笑いの《苦み》(amertume) とは、笑う者が自分の背後に感じるその強制的な力がもたらすものなのだ。そして、それに直ぐ続く「なんともいえない悲観論の兆し」とは、笑う者がそのように自分の自由の限界を感じる時に抱く、人間性と社会に対する漠とした悲観論のことであろう。

　ここまで来て、波は再び方向を転じて寄せて行く。「ここでも、他と同様に、自然は悪を善のために利用したのだ。この研究全体においてわれわれの関心を占めていたのは、とりわけ善である。社会は、それが完成してゆくにつれて、その成員からしだいに大きくなる適応の柔軟さを獲得し、その根底においてますます均衡をうる傾向にある。」(R., 482)

　しかし、最後の最後に更に再び波は返る。海の表面の混乱を表す波立ちの形を強調する泡、その軽やかで陽気な泡が浜辺に置き去りになったとき、それを味わう子供は、「それを運んできた波の水よりも(中略)もっとずっとにがい水の数滴」(R., 483) にびっくりする。そして、この子供のように、社会という海の表面の波立ちを際立たせる、笑いという陽気な泡、「それを味わおうとしてこの泡を集める哲学者は、ほんの少量しかないのに、そこに一抹の苦みを見出すのだ」(R., 483)

　最終節の最後の最後に、寄せては返す波のように、抑え難く表出する、笑いの必要性、正当性へのこのような疑問はわれわれを驚かさずにはいない。そして、前にも述べたように、笑いの必要性、正当性に対する疑問は、《良識》の必要性、正当性に対する疑問と不可分であり、哲学者が笑いの《苦み》と呼ぶものは、そうした諸々の疑問とその先にある予感を集約するものであり、その核心をなすのは、上に分析したように、笑う者が自分の背後に感じるなんらかの強制的な力であるようだ。

笑いの《苦み》の核心にあるこの《自発的でないなにか》の正体はなんであろうか？『笑い』最終節の《苦み》の問いかける問題は、このような形で問い直されることとなった。この問いかけをもって、『二源泉』の社会論を《良識》の概念を中核に据えて見てゆくことにしよう。

第二節　『道徳と宗教の二源泉』

（一）『道徳と宗教の二源泉』において見極められる『笑い』の《苦み》の源泉

『二源泉』に至るベルクソン哲学の進化のなかで、社会における《良識》の意義の捉え方は、根本的に変化してゆくが、それは、ベルクソンの生物学的・社会学的・宗教学的探求の深まりのなかで果たされた変化であると同時に、第一次大戦中のフランス政府使節としての活動と、戦後の国際連盟の国際知的協力委員会の議長としての《政治家的ベルクソン》の約十年の経験を経て、思索を深め、それによって、同時代の社会の《良識》への適応を旨とする《仮の道徳》ではもはや充足しえなくなった社会人ベルクソンの根本的変貌とも軌を一にしていると思われる。[10]

ベルクソンにおける《良識》の概念の変化を根本的に理解するためには、それを『物質と記憶』以後の『創造的進化』、『道徳と宗教の二源泉』への哲学者のヴィジョンの拡大、深化のうちに置き直さねばならない。まず出発点をなすのは、『創造的進化』における、生命進化を構成する二つの本質的要素としての、《生命の躍動》(élan vital) と《種の保存》(conservation de l'espèce) の認識である。こうして、ベルクソンの生命論は、『物質と記憶』の時期の《生きる必要》の一元的生命論から、二元的生命論へと展開する。

そして、『創造的進化』の結論において、《生命の躍動》の湧出点に在るものを《神》と名づけるより他ない、としたベルクソンが、このような神観に対する他者からの多くの問いかけを受けつつ、四半世紀後に自ら構築した、道徳と宗教に関する論は、正に、生命の上記の二つの本質的要素を『道徳と宗教の二源泉』として捉えるものとなった。

《種の保存》を源泉とする宗教が《静的宗教》であり、《生命の躍動》を起源とする宗教が《動的宗教》である。《静的》の規定は、《種の保存》が、本質的に《生命の躍動》が停止して渦巻き状の堂々めぐりをしている様相から来ており、《動的》の規定は、《生命の躍動》そのものの動性から来ている。

静的宗教についてベルクソンはつぎのように要約する。

「こうした宗教を正確な言葉で定義づけるためには、次のように要約しさえすれば良い。静的宗教とは、知性の行使に際して、個人に対しては意気を消沈させるようなものに対する、社会に対してはこれを解体させるようなものに対する、自然の防御的反作用である。」(*D.S.*, 1149-1150 強調ベルクソン) そして、そのような防御的反作用の道具となるのが、神話などの仮構機能（fonction fabulatrice）である。他方、動的宗教は、ベルクソンがキリスト教の神秘家たちにその最高の具現を見た神秘主義のうちに見出されるものである。

「自分の業に対する神の愛、つまり全てをつくり出した愛と一致しているこうした愛［神秘家の生きる愛］は、問いかけるものに対しては、創造の秘密を打ち明けるであろう。（中略）こうした愛の方向は、生命の躍動の方向そのものである。」（*D.S.*, 1174）

静的宗教は、具体的には、国家を頂点とする個々の社会集団のなかで実践されるものであるのに対して、動的宗教が対象とする社会とは、全人類であり、「人類の原理たる愛のうちで愛される社会」（*D.S.*, 1155）である。

この二つの宗教は実際の人間社会において、人々にどのように働きかけ、どのような形で存続するだろうか。その点についてのベルクソンの観方は次のようなものである。

真の神秘主義が口を開く時には、大部分の人々の奥底にかすかにそれに反響する何かがあり、それは素晴らしい展望を切りひらくものであるが、しかしそれを真に欲することはわれわれにとって困難である。だから真に偉大な神秘主義が現れた時には、静的宗教あるいは自然的宗教は色あせ、真の宗教とは認められ難くなるが、「それでも人類は、自己の必要とするささえをこの宗教に、あるいは少なくとも、主としてこの宗教に、求めるであろう。人類は最善をつくして仮構機能を改良し、なおもこの機能を働かせておくだろう。」(*D.S.*, 1157)

さて、このような静的宗教と動的宗教に、道徳において対応するのが、閉じられた道徳と開かれた道徳である。(後者双方の対応が緊密であるのに対して、前者の対応においては、静的宗教が国家的、政治的方向を取ることによって、閉じられた道徳との間に空隙が存在することが指摘されている。)[11]《閉じられた》という規定は、国家を頂点とする個々の社会集団のうちに《閉じられた》性質から来ており、《開かれた》という規定は、人類全体に《開かれた》性質から来ている。《閉じられた道徳》は、静的宗教同様、生命の《種の保存》としての要素を源泉としており、その核心をなすのが、動物において社会生活を成り立たすべく与えられている《本能》に、人間において対応するものとして与えられている「《社会感覚》(sens social)としての《良識》」(*D.S.*, 1065)である。[12]《良識》の概念は、ベルクソンの二元的生命論のヴィジョンのうちに置かれた時に、このような新たな様相のうちに捉えられることになる。

「それぞれ人間と膜翅類において達成された進化の二つの大きな線の末端に社会生活を設けた自然が、巣の中の蟻の一匹一匹の活動をあらかじめ詳細に規制しておきながら、人間に対しては、行為を仲間と調整するための、少なくも一般的な指針を与えるのを怠った、などということは、容認しがたい。たしかに、人間社会は、個人の足取りも、その上社会の足取りも決定されないままにお

> くと言う点で、昆虫社会とは異なっている。だが、このことは、つまりは、昆虫の中にあらかじめ作られているのは行動であり、人間にあってそのようなものは単に機能だけだということに帰着する。その場合、機能はやはり、社会において行使されるために、個人のなかに組織されて存在しているのである。」(*D.S.*, 1065)

それはまた、自然によって準備された「機構（mécanisme）——その各部分は習慣であるが、その総体は本能に比すべきである」(*D.S.*, 1021) ものであって、習慣の一つ一つは偶然的であるが、それらが成す「社会保存のための協力は必然的であり」(*D.S.*, 1021)、この必然性が《良識》を、「動物の本能に相称的に（symétriquement）対応する」(*D.S.*, 1029) 存在とするのである。

今は、『二源泉』においての《良識》が《機構《メカニスム》》としても規定されているという点に注意を喚起するに留めて、本節の本来的問題に取りかかる前に、最後に『二源泉』への哲学的進化の概観のうち、残されている、《閉じられた道徳》との対比での《開かれた道徳》の概観をしなければならない。それは、社会的本能としての《良識》が中枢をなす《閉じられた道徳》の本質を対比的に浮かび上がらせてくれるであろうし、また、現実において両者がどのような形態で共存するかを確認するためにも必要なのだから。

以上のように、《種の保存》としての生命の要素を源泉とし、動物における本能に対応する《良識》によって統御される《閉じられた道徳》に対置される《開かれた道徳》は、動的宗教同様、《生命の躍動》の要素を源泉とするものである。

第一の道徳と第二の道徳の本質的相違は、一方が《圧力》として存在し、他方が《呼び声》として存在するということである。

「第一のものは非人格的な定式に還元されるほど、いっそう純粋になり完全になる。これに反して第二のものは、十分にそのものになりきるためには、手本となる特権的な人格のうちに体現されねばならない。(中略)彼ら[聖人たち、偉大な善人たち]の存在が呼び声である。」(*D.S.*, 1005)

第一の道徳の社会的連帯から、第二の道徳の人類的同朋愛へとおもむくときに、われわれは自然から離脱してゆくことになるのであるが、現実の社会においては、二つの道徳は純粋状態では存在せず、「第一の道徳は、その持つ命令法的性格のいくばくかを第二の道徳に与え、しかもそれと交換に広義の社会的な、いっそう広くは人類的な意味を後者から受け取ったところから、いまやこの併置された二つの道徳は一つとなっているように見える。」(*D.S.*, 1016)

しかし、結局のところ社会生活において常に支配的なのは第一の道徳である。

「いかに人類が文明化し社会が変化したところで、社会生活へのいわば有機的な諸傾向ははじめにあったままである、と私は主張する。われわれはそれらを再発見し観察することができる。観察の結果は明白である。すなわち人間の本原的かつ根本的な道徳構造は、単純かつ閉じられた社会のために作られているのだ。」(*D.S.*, 1022)

だから、自然的社会の「自己閉鎖、凝集、位階制、首長の絶対的権威」(*D.S.*, 1216) といった諸特徴、すなわち規律と戦争精神を意味するこうした諸特徴は、いかに文明化した社会においても根本的道徳構造であり続けるのである。道徳において《閉ざされたもの》の占めるこのような位置は、宗教において《静的なもの》の占める位置と平行的である。

さて、いよいよ本節本来の問題の考察に取り組むことになるが、ここまで長い概観が続いたので、ここで肝心の問題を設定し直してから考察を進めることにしよう。

あの『笑い』最終節の、社会的身振りとしての笑いの《苦み》が問いかける問題の核心をなしていたもの、笑う者が自分の背後に感じる《自発的でないなにか》、強制的な力のようなもの、その《正体》を、『二源泉』の《良識》論は明らかにしてくれるだろうか？また逆に、あの《苦み》の問いかけは、『二源泉』の《良識》論のどのような側面を明るみに出してくれるであろうか？

このような問題意識をもって、今まで辿ってきたように、『笑い』から『二源泉』へのベルクソンの《良識》論の進化に沿って考えるとき、その進化の筋道の核心を理解するための鍵となる一つの概念が浮かび上がるようにわれわれには思われた。

それは、《機械的なもの》(du mécanique) という概念である。

そもそも『笑い』において、人が笑うのは、「生きたものにかぶせられた機械的なもの」であったことを思い出そう。こっけいな人物の例でも明らかにされるように、その場合の《機械的なもの》の本質は、《自動的なもの》であると言える。こっけいな人物は、現実に対応する時に、適切な想念を思い浮かべるのではなく、自分の想念のほうに自動的に従って対応する。自動的に対応するその《ぎこちなさ》ゆえに、生活への注意力であり、適応力である《良識》に欠けた者として彼は笑われるわけである。その場合、《良識》は、「生きたもの」(du vivant) に適応する柔軟性によって、こっけいな人物のうちの《機械的なもの》と対照をなしているように見えた。

ところが、その同じ《良識》が、『二源泉』の二元的生命論のヴィジョンの中に置かれたとき、右でも注意を喚起したように、それはひとつの《機構》(mécanisme) として捉えられることになる。それは、「各部分は習慣であるが、その総体は本能に比すべき」(*D.S.*, 1021) ものであり、「習慣を媒介にして本能の不動性を大ざっぱに模倣するものである」。その構成要素の「習慣の一つ一つは偶然的であるが、それらが成す社会保存のための協力は必然的」(*D.S.*, 1021 強調筆者) である、そのような《機構《メカニスム》》である。さらにそれはまた、「われわれに社会生活を営ませたある一定方向の力－重力が物体に対するのと同じ関係を魂に対してもつ一定方向の力」(*D.S.*, 1201　強調筆者) である。

要するに、それは、右に挙げた規定にあるように、「不動性」、「必然性」、を属性とし、物体に対する重力のように、社会保存のために魂を一定方向に向ける力である。社会的本能としての《良識》のこのような《機構《メカニスム》》としての様相を見るとき、『笑い』において、笑われる者のうちに認められた《機械的なもの》としての自動性が、『二源泉』の《機構《メカニスム》》としての《良識》においては、自然自身が人間のうちに備えた「有機的傾向」(tendances organiques) (*D.S.*, 1022) の自動性という本原的かつ強力な様相のもとに重心が移動して浮かび上がることが注目されるのである。

『笑い』における《機械的なもの》は、《生きたもの》に対置され、その《生きたもの》は、《生きる必要》に合致する要素を意味していた。それに対し、『二源泉』における社会的本能の《機構《メカニスム》》における《機械的なもの》は、《生命の躍動》の動性に対置されている。

そして、笑いは常に《良識》に欠けた者を罰する社会的身振りとしてあるであろうが、社会的本能の《機構《メカニスム》》の与える罰の必要性と正当性は、必然的に、《種の保存》の要請に根ざす《閉じられた道徳》との一致不一致によるという本質的限定を蒙らずにはすまない。

さて、ここで、あの『笑い』最終節の、笑いの《苦み》が問いかけていた問題、その核心にあった、《自発的でないなにか》、笑うものが自分の背後に感じずにはいられない何か強制的な力を考えてみると、それは、社会的本能の《機構《メカニスム》》そのものではないかと思われるのである。笑いの《苦み》とは、笑う者自身が自分の背後に働いているのを感じる本原的で強力な《機構《メカニスム》》の仮借なさではないだろうか？

そのように考えて、もう一度『笑い』最終節の問題部分を読み直すと、笑いのプロセスを叙述した部分に、思いがけない様相が浮かび上がるのが見出されて驚かずにはいられない。

「笑いは（中略）社会生活のごく長い習慣によってわれわれのうちに組み立てられた機械じかけ（mécanisme monté en nous）の作用に過ぎない。笑いは、まったくしっぺ返しの応酬で、ひとりでに発せられるのだ。」(R., 481-482)

この笑いのプロセスの叙述の中には、「その部分は習慣であるが、その総体は本能に比すべき」(D.S., 1021)と規定された《機構《メカニスム》》としての《良識》そのものが笑いのうちに発現する様相が描かれていると思われる。笑いのプロセスをこのように描いたとき、ベルクソンは、《機構《メカニスム》》としての《良識》を意識せずして直感していたというべきであろう。そして、その直感に伴って、そのようなものとしての《機構》の発動としての笑いの必要性、正当性に対する疑念も直感的に抱いたのであろう。

ベルクソンが『二源泉』の三二年前に、自分の思想の《亀裂》とも呼ぶべきもののうちに、このような直感を抱いたことは、驚くべきことである。いうなれば、この『笑い』最終節の《苦み》には、《閉じられた道徳》の《苦み》そのものの予感がある。ただ、それが、予感に留まったのは、『笑い』の時期のベルクソンのヴィジョンの基礎となった生命論が《生きる必要》についての一元的なものであったので、二元的生命論を基礎とするヴィジョンのうちに堅固に結び付けられることは不可能であったからである。

さて、最後に、『笑い』最終節の《苦み》に発する問いかけは、『二源泉』の《良識》論にどのような光を投げかけてくれるであろうか?

もちろん、第一に、社会的本能としての《良識》の《機構《メカニスム》》としての側面を浮き上がらせてくれたということがある。しかしまた、人が笑うとき、そのような《機構《メカニスム》》が直接働いていること、笑いとは、社会的本能としての《機構》が社会的身振りとして発現した現象そのものであることを明らかにしてくれたと思われる。

だから、もし、『二源泉』の時期にベルクソンが再び『笑い』論を書くことがあったなら、その考察の重心は、笑われる者の《機械的なもの》から、笑う者における《機械的なもの》へと移行したのではないだろうか？

さて、ありのままの社会においては、前にも見たように、「いかに人類が文明化し社会が変化したところで社会生活へのいわば有機的な諸傾向ははじめあったままである」(D.S., 1022)とベルクソンの述べる通りのことであり、このような仮借ない《機構《メカニスム》》が支配的な社会像は、『笑い』最終節の、人間性と社会における自由をめぐっての「なんともいえない悲観論」を肯定するがごときである。

しかし、それはベルクソンの社会論の《最後の言葉》であろうか？

そうは思われない。『二源泉』の最終章「機械と神秘主義」(mécanique et mystique)には、ひとつの《呼びかけ》が見出される。そして、それこそが、『笑い』最終節の「なんともいえない悲観論」に応えるベルクソンの社会論の《最後の言葉》であると思われる。

ただ、その問題を考察する前に、『二源泉』で哲学者の到達したヴィジョンのなかにおきなおした時に、《笑い》について見えてくる側面を一瞥したい。

(二)《おもしろうてやがてかなしき》

『笑い』の中でベルクソンが考察の対象に取り上げたモリエールの性格喜劇の中の『人間ぎらい』について、訳者の内藤濯は、「あとがき」で次のように述べている。

「恋の破綻に苦しんだ挙句、人間くさいすべてからの絶縁を欲する男といえば、まさしく悲劇中の人物であるが、それでいて、この作が喜劇的側面をもつゆえんは、世間知らずな青年の言動が喜劇の目をもってすると、意外に強い可笑しみを感じさせるところにあるのである。ただしこの可笑しみは、いわゆるくすぐりの可笑しみではない。痛切なあと味を残す可笑しみである。[13]

「おもしろうてやがてかなしき鵜舟かな」という芭蕉の句がある。この句そのものの成り立ちや解釈には諸説あろうが、「おもうしろうてやがてかなしき」という言葉の表す印象は、万人にとって、モリエールからチャップリンに至るまでの偉大な喜劇に伴うものとして感じられるのではないだろうか？そして、『笑い』を『二源泉』の段階でのベルクソン哲学のヴィジョンの中に置き直したとき、偉大な喜劇のもたらすこの「おもしろうてやがてかなしき」と言う印象を少し解明できるのではないかと思われるのである。

「閉じられた魂と開かれた魂の間には開く魂（l'âme qui s'ouvre）が存在する。すなわち人の不動性と同じ人の走っている運動の間には起立、つまり立ち上がるときにとる姿勢がある」（*D.S.*, 1028）と『二源泉』でベルクソンは言う。

喜劇を笑うとき、社会に対して何らかの意味で不適応な人物を、人は多少なりとも閉じた魂をもって笑う。しかし、作品そのものの中に含まれた普遍的な人間的要素に促されて《開く魂》の移行状態に置かれたとき、作品のはらむその普遍的側面に共感し、そのような側面にもかかわらず、その人物が社会において《笑われるべき人物》となっている運命に対して深い哀しみを覚えるのである。

「おもしろうてやがてかなしき」の「やがて」は上記のような《開く魂》の移行状態にあたるのではないだろうか？そして、偉大な喜劇に含まれる普遍的な人間的要素は、人をはるかな先で、『二源泉』で語られる、《生命の躍動》に根差す深い《情動《エモーション》》へと導いてゆくのではないだろうか？

他方、すでに『笑い』においてベルクソンは《笑い》の基本的特徴として《無感動》を挙げて次のように言う。「生に無関心な傍観者として臨んで見給え。数多くの劇的事件は喜劇と化してしまうだろう。」(R., 389) それに対して、「常に感性に動かされ、生の合唱に調律されていて、あらゆる出来事が感情の響きに延びてゆくような魂は、笑いを知らないし、また理解しないに違いない」(R., 389) と述べているが、『二源泉』の《開く魂》は、『笑い』の上記の「生の合唱に調律されている」(accordées à l'unisson de la vie) 魂への移行の様相を、『二源泉』の《閉じられたもの》と《開かれたもの》のヴィジョンの中に位置づけたものと言えよう。

『笑い』においてベルクソンはドン・キホーテについて次のように言う。

「墜落はたしかにいつでも墜落であったに違いない。ただ、ところ構わずどこかよそ見をしていたために井戸に落ち込むということと、一つの星を見すえていたから落ちるということは別である。ドン・キホーテが見つめていたのはまさにこの一つの星である。ロマネスクや妄想の精神から生ま

れるおかしさの深さはなんという深さであろう。」(R, 393)

墜落を笑っていた読者は、「やがて」、ドン・キホーテが見つめていたのは一つの星であったことに心動かされる。そして、そのドン・キホーテが地上の生活で、《笑われるべき人物》であり続けることに深い哀しみを覚えずにはいられないのである。

また別の例として、モリエールの『人間ぎらい』を考えてみよう。

「われわれはアルセストを笑う。アルセストの実直さ(honnêteté)がこっけいなのではなく、実直さがアルセストにおいてとっている特殊な形、つまり実直さをそこねているように見えるある種の偏屈さ(travers)がおかしいのだ、と言う人がいるかもしれない。それはその通りだ。だが、われわれが笑うこのアルセストの偏屈さが、彼の実直さを笑うべきものにしていることはやはり真実であり、重要な点はそこである。」(R, 452 強調ベルクソン)

アルセストに対しても、観客は、社会への不適応を引き起こしているのその「偏屈さ」を笑いながらも、まさに、冒頭に挙げた「あとがき」で内藤濯の言うように、「痛切なあと味」を味わうのではないだろうか？ベルクソンの『二源泉』における《開く魂》の論は、このように、われわれが偉大な喜劇を見たあとに感じる、説明しがたい不思議な哀しさを説明してくれるように思われるのである。

(三)

現実の社会は、『二源泉』の一節の題にもあるように、「閉じられたものと開かれたものの間」(*D.S.*, 1028)にあり、そこでは「社会的生活へのいわば有機的な傾向ははじめあったそのままである。」(*D.S.*, 1022) 根本的には社会的本能の《機構》が支配的である現実の社会のこのような様相は、『笑い』最終節の「なんともいえない悲観論」を肯定するかのごときである。しかし、『二源泉』最終章の「機械と神秘主義」(mécanique et mystique) においては、人類の未来が検討され、そこにおいて哲学者の《呼びかけ》がなされることになる。

社会的本能は、不可避的に戦争を促す性質のものであって、人類の未来の検討は、次のような問題設定のうちになされることになる。

「閉じられた社会の諸傾向は、根絶されがたく、開く社会のなかに存続するように思われたし、それらすべての本能的規律は元来戦争本能へと収斂するものであった。したがって、われわれは、この本原的本能は、どの程度抑制され、あるいはさけられうるであろうか、と自問し、若干の考察を加えて、至極当然なこととして課せられたこの問題に答えなければならない。」(*D.S.*, 1220)

このような問題設定のもとに、戦争抑制あるいは回避の道が二つの方向軸に沿って検討される。その二つの方向軸が、この最終章の題である《機械》(mécanique)と《神秘主義》(mystique)である。両者は、本文を見ればわかるように、正確には《la mécanique》と《la mystique》と表記され、本当のところは、「機械なるもの」と「神秘的なるもの」と訳したいところなのだが、訳文の中に置くと座りが悪いので、致し方なくこのように訳する次第である。この章において《la mécanique》は、機械の存在と機械による認識の総体を、《la mystique》は、神秘の存在と神秘による認識の総体を指していると思われる。そしてここにおいての《神秘》は、この書の基本的脈絡の中におかれているものとして、神から湧出する《生命の躍動》に直接結ばれているもの、の意を持っていることは言うまでもない。

さて、戦争の原因となる「人口の増加、販路の喪失、燃料および原料の欠乏」(D.S., 1221)などの要素のうち、人口問題以外は主として産業組織(organisation de l'industrie)の在り方に関わるものであるので、ベルクソンは、戦争との関わりにおいて、産業組織のあり方、すなわち《機械《メカニック》》のあり方を検討する。その検討の内容を、本論の問題意識に沿った表現でまとめるなら、次のように言うことができるだろう。産業革命以降の社会において、人間の欲望をエネルギーとして、社会的本能の《機構《メカニスム》》と《機械《メカニック》》があまりにも軌を一にして加速度的に発展してきたところに危険性がある、と。

「さしあたっての未来は、大部分産業組織と、それが課したり受け入れたりする条件に依存するだろう、と誰もが感じている。諸国間の平和の問題が、この問題にかかっていることを、われわれはさきに明らかにした。(中略)恐れるべきであろうか。それとも希望を持つべきであろうか。産業主義と機械主義《マシニスム》は人類に幸福をもたらすだろうと長い間考えられてきた。今日では、人々はわれわれを悩ましている多くの害悪を好んでこれらのせいにするだろう、人類がこれほど快楽やぜいたくや富を渇望したことは、かつてなかったと言われる。ある抗し難い力が、もっと粗野な欲望の満足にいよいよはげしく駆り立てているようにみえる。」(*D.S.*, 1223)

ベルクソンは、歴史の幾つかの局面で機械主義《マシニスム》が、戦争本能と逆の方向を取ったことを指摘してはいる。すなわち、「ずっと後で機械主義《マシニスム》となるはずであったものの最初の輪郭が民主主義に対する最初の渇望と同時に描かれた」(*D.S.*, 1237) ことを指摘し、一八世紀の百科全書派たちにおいては、「物質的生存の保障と、安全のなかでの尊厳」(*D.S.*, 1237 が同一の息吹のうちに願望されていたという例を挙げてもいる。

しかし、今日の現実の社会においては、産業は、充足されるべき多くの欲求のうち、何が重要で何が重要でないのかの配慮はせずに、ただ売ることだけを考えて製造しており、そこには、「機械にその合理的な位置、すなわち機械が人類に最大の奉仕をなしうるような位置、を割り当てられるような組織化の中心思想」(*D.S.*, 1236) が欠如しているので、その結果、機械主義《マシニスム》は、諸国間の平和の問題に対する様々な懸念をもたらしつつ進展している、とベルクソンは指摘する。

さて、この最終章の戦争抑止あるいは回避をめぐる検討のもう一つの方向軸、《神秘主義（神秘なるもの）》にそっては、どのような考察が展開しているのであろうか。

ここではベルクソンはもはや『二源泉』において考察した《神秘主義》あるいは《開かれた道徳》そのも

のを改めて論ずることはせず、主として未来の人類の生活におけるそれらのものの《受け皿》にあたる《生活様式》をめぐって考察を展開していると言うべきであろう。ベルクソンは、人類の欲望という観点から、歴史上に存在する振り子運動「二重の熱狂化」(double frénésie) の存在を指摘することから考察を始める。

欲望については、中世の禁欲主義から、一五一一六世紀以来、物質的生活の拡大への欲望に振り子が振れ、それが産業革命以来加速されて「密集する群衆がトラックで、安楽への競争に突進する」(*D.S.*, 1230) 状況になっているが、未来にはもう一度振り子が振れ、単純生活への回帰の可能性があると予見する。

「不断に増大する生活の複雑化の後に、単純性への復帰が予見されねばならないだろう。しかし、こうした復帰が確実だとは言えない。人類の未来は決定されずに在る。と言うのは、未来は人類次第だからである。」(*D.S.*, 1230)

だから、予見は単なる予見ではなく、促しでもある。また、振り子は単に往復するのではなく、記憶を備えており、中間の経験で豊富になっているのであるから、行きと還りではもはや同じではない。また、このような単純生活への復帰の道は、科学自身によって十分に示されるもので、例えば物理学と化学はわれわれの欲望満足の手助けをして欲望の増大を促すけれども、生理学と医学は、こうした増大のかなたにどんな危険があるかを開示してくれるとベルクソンは指摘する。

このようにな単純生活への回帰の可能性は、今日のエコロジーやエネルギーの問題とも密接につながり、部分的には実現しつつもあるので、『二源泉』公刊当時以上に非常に今日的な指摘であるが、それは結局、未来における平和（戦争回避）に貢献しうる要素として認識され位置づけされることになる。

「たえず増大する安楽への欲求、娯楽の渇望、ぜいたくへのきりのない好み、つまり、人類がそこに確固たる満足を見出すようにみえるがゆえに、人類の未来にとってきわめて大きな不安をわれわれに感じさせる一切のもの、これらすべては、がむしゃらに空気を充満された、しかしまた、たちまち凋む、風船のようなものに思われるだろう。一つの熱狂化が反対の熱狂化を招くことを、われわれは知っている。」(*D.S.*, 1233 強調ベルクソン)

結語も近い箇所でベルクソンは、この《単純な生活》について、「神秘的直観が世界中に伝播させる生の単純さ (simplicité de la vie) こそが喜びをもたらしてくれるであろう」(*D.S.*, 1245) と言うのだが、ベルクソンの言う《単純な生活》とは、生命の根源をなす愛する存在に対する直観に多少なりとも浸されているがゆえに、物質的には簡素であっても、人間的に深く充足し、喜びに満ちた、そのような生活を意味するのであろう。

さて、『二源泉』最終章の最後にベルクソンは、人類の未来を検討するためのこの二つの方向軸、《機械《メカニック》》と《神秘主義《ミスティック》》を改めて比較し、前者を人類の《肉体》、「度はずれに大きくなった肉体」(*D.S.*, 1239)

として捉え、後者に沿って存在する人類の魂はあまりに弱すぎ、両者の間に生じた空隙から社会的、政治的、国際的な恐るべき問題が生ずるのであるから、今日必要なことは、今度は人類の精神的エネルギーを新たに蓄積することであろう、と結論する。(*D.S.*, 1239 et sq.)

哲学者の《呼びかけ》がなされるのはこの結論の最後、最終章の文字通りの最後である。

「われわれの本性が文明に対してさし向けている障害物を一つ一つ避けなければならないだろう。だが、抜本的な方策を採るにせよ、そうでないにせよ、どうしても決断することが必要だ。人類は自らなしとげた進歩の重荷の下で、半ば圧し潰され、うめいている。人類は自分の未来が自分次第だということを十分に知っていない、人類はまず自分が生き続けようと欲しているか否かを見てみることだ。次に人類が自ら問うべきことは、自分はただ生きることだけを欲しているのか、それともそのほかに宇宙の—神々をつくるための機械である宇宙の—本来的機能が反抗的なわが地球上でまでも遂行されるに必要な努力を惜しまないかどうか、ということである。」(*D.S.*, 1245 強調筆者)

『二源泉』を結ぶ文字通り最後の言葉である「神々をつくるための機械である宇宙」(l'univers, qui est une machine à feire des dieux) は議論を呼んだ言葉でもあるが、この「機械《マシン》」の語は、最終章全体の論の中心をなしていた《機械《メカニック》》に意識的に対置される、神の命の息吹を地上の存在のうちに具現化する《機械《マシン》》としてある宇宙である。

『笑い』は、「苦み」の語をもって終るのに対して、『二源泉』は「神々をつくるための機械である宇宙」というこの語をもって終る。『笑い』最終節の「なんともいえない悲観論」に応えるベルクソンの《最後の言葉》は、「神々をつくるための機械である宇宙」の《愛の躍動》を、人類の社会のうちに成就させる方向性を選択する決断への呼びかけである。

この最終章で少し前にベルクソンは、「人類の恩人とも呼ぶべき」(*D.S.*, 1219) 国際連盟を創設した「偉大な楽観論者たち (les grands optimistes)」(*D.S.*, 1219) について語っている。「戦争廃棄の困難さは、戦争廃棄を信じていない人々が一般に想像しているよりはるかに大きい」(*D.S.*, 1219) もので、彼らはそのような大きな困難を十分に認識していたにもかかわらず、強い意志をもって、「すべての偉大な楽観論者同様、解決すべき問題を最初から解決された問題として取りかかった」(*D.S.*, 1219) のである。

『二源泉』本論での考察に見られるように、現実社会における社会的本能の《機械《メカニック》》の仮借ない機能は、重力として圧力として働き、社会の戦争への傾向をほとんど御し難いものにしていることが確認されていた。にもかかわらず、《愛の躍動》の方向へかじを切る決断をするよう人類に対して呼びかけるベルクソンのうちには、上記の《偉大な楽観論者》の面影が重なる。『笑い』最終節の「なんともいえない悲観論」に応える哲学者の《最後の言葉》は、この《偉大な楽観論者》の呼びかけの言葉である。

現実の世界では、この呼びかけの後に第二次世界大戦が起こり、現在も戦争は絶えない。しかし、哲学者の呼びかけは、今もわれわれの耳に聞こえている。[14]

[注]

本論において、ベルクソンの著作の引用については、下記の略号で、Henri Bergson : OEuvres, édition du centenaire, Paris, P.U.F., 1959 の頁付けを用い、(略号、頁数) と表記する。

M.M., Matière et mémoire

R., Le Rire

E.C., L'Évolution créatrice

D.S., Les Deux Sources de la Morale et de la Religion

なお、和訳については、『ベルグソン全集』(全六巻) 白水社、の各巻の訳にもとづく。

1 Henri Bergson: Le Rire, Présentation par Frédéric Worms, Quadrige/PUF, 2007, 12

2 前注のヴォルムスのカドリージュ版『笑い』の解説においては、『笑い』の社会論が、『二源泉』の社会論への一つのステップになっていることは指摘されているが、《良識》の概念をめぐっての両者の間の進化についての考察は無い。

3 中村弓子『心身の合一 ベルクソン哲学からキリスト教へ』、東信堂、二〇〇九年、六四—一五一

4 上掲書、七一—七二

5 René Descartes: Discours de la Méthode, Texte et commentaires par Etienne Gilson, quatrième édition, Vrin, 1967, 22 強調筆者

6 Gilbert Maire: Bergson, mon maître, Editions Bernard Grasset, 1935, 156

7 Ibid., 222

8 Ibid., 157

9 注1参照

10　注3参照

11　*D.S.*, 1151 et sq.

12　本論では、神秘家における《良識》については扱わない。なぜなら、それは、一人で一つの《種》を成しているといっても良いような、神秘家という特権的存在において現われるものであって、ベルクソンの社会論の基本的構成要素としての《良識》とは別種のものであるからである。

13　モリエール『人間ぎらい』、内藤濯訳、新潮文庫、一九五二年、一〇七

14　筆者は、本論以前にすでに「ベルクソンにおける《良識》(bon sens) の概念について」(中村弓子『受肉の詩学』みすず書房、一九九五年、一一二九) という良識論を発表しているが、この論は、『物質と記憶』周辺の初期のベルクソンの良識論が、『形而上学入門』(一九〇三年) でベルクソンの直観論が確立するまでの触媒の役割を果たしている側面を考察したものであり、本論と問題意識を全く異にしている。

ベルクソンとペギーの相互影響

はじめに——問題設定

本論の問題は、ペギー[1]が一九一四年九月五日ヴィルロワでドイツ軍と交戦中に戦死して間もない時期に、師ベルクソン[2]が、ペギーの親友であったタロー兄弟[3]に語った次の言葉に発するものである。

彼は、人間の具体相を飛び越えて、その魂までを見抜く素晴らしい才能を持っていました。それゆえに彼は、私がまだ表現していなかったけれども、出来たら表現したかった最も内奥の思想を知っていたのです。[4]

このベルクソンの言葉は、どんなに親しくとも、その人自身が生きている限りは、あえて口にしえないような究極的な賛嘆の言葉である。本論では第一節で往復書簡を通じて師弟の歴史を見た後、第二節において、哲学者ベルクソンの魂そのものに近い「最も内奥の思想」とは何であったか?それを、ベルクソンの論文『哲学的直観』を参考に見てゆく。そして、第三節において、哲学者が「まだ表現していなかったけれども、出来たら表現したかった最も内奥の思想」をベルクソンに先駆けて表現したペギーの著書を考察してゆく。そして、続く第四節では、上記の発言以後のベルクソン自身の主著『道徳と宗教の二源泉』に、第三節で問題となったペギーの著書はいかなる影響を与えているかを見る。

ペギーの側からベルクソンの影響を考察する諸研究においては、ペギーの多くの作品に遍く影響が指摘されているが、本論は、前掲のベルクソンの言葉が出発点となっているので、考察の視点は自ずからベルクソン中心となることを予めお断わりしておく。

第一節　師弟の歴史

献辞　一九一〇年六月三日　金曜日

親愛なる師よ、これは私が二四歳の時に書き上げたものであります。当時、貴方はまだ私のことを全くご存じありませんでした。しかしながら、私のほうは、コレージュ・ド・フランスでも、高等師範学校でも、貴方の最初の講義の生徒のうちにおりました。当時、私が貴方に対して抱いておりました大きく豊かな親愛の情は、一五年のご交誼を得まして、今や実らんとしております。

シャルル・ペギー[5]

右の文は、一九一〇年に、ペギーが一八九七年出版の自著『ジャンヌ・ダルク』をベルクソンに献呈した時に記したものである。

じっさい、ペギーは、ベルクソンの『意識の直接与件についての試論』[6]（一八八九年）と『物質と記憶』[7]（一八九六年）を読み、この哲学者こそ、同時代の実証主義的精神風土のうちで失われていた「内的生命の源泉を再発見してくれた」[8]と考え、右の献辞にもあるように、一八九八―一八九九年の高等師範学校の講義にも、一九〇〇年―一九一四年（特に一九〇八年頃まで）[9]のコレージュ・ド・フランスの講義にも熱心に出席した。

後にベルクソンの高弟となるジャック・シュヴァリエも、一九〇一年に高等師範学校に入学すると、早速コレージュ・ド・フランスの講義に出席しており、そこで目にしたペギーの様子を次のように描いている。

ベルクソンの最初期の最良の弟子の一人であり最も熱心な聴講者の一人であったシャルル・ペギーの紺のラチネ織りのフード付きマント姿[10]が見られた。[11]

師の言葉に聞きいっていたあのシャルル・ペギー。[12]

このコレージュ・ド・フランスのベルクソンの講義は、前例のない大成功を収め、席取りのために、同じ講堂を使う直前の講義が急に混み始め、その中には上流婦人の使用人も相当数いたとか、エピソードに事欠くことのないものであるが、その成功の本質は、シュヴァリエの次の言葉に表されている。

一人の内的生活の深い源泉そのものからじかに汲み取られたものであることが感じられ、真実なるものの新しさとみずみずしさとを持った新しい哲学、これこそ、当初からベルクソンの学説が成功を収めたゆえんであった。[13]

このコレージュ・ド・フランスのベルクソンの講義が大成功を収めたところには、もう一つ具体的な理由があると、われわれには思われる。そのことを考えるきっかけとして、シュヴァリエが、ベルクソンの講義の様子を緻密に描いた次の文章を参考にしよう。

ベルクソンが音もなく大講堂の奥に姿を現し、変哲もない電気スタンドのかたわらにメモ一つ手にせず腰をおろし、いつものようになにも持っていない両手の指を組み合わせるのが見えると、沈黙が講堂内を支配し、なにか言いしれぬ戦慄が人々の魂の中に流れこんでくる。顔が小さく見えるほどに大きなひたい、濃い眉の下に二つの光明のように輝いている澄んだひとみ、繊細な目鼻だちが、ひたいの力強さと、思考の見えざる湧出を、ひきたてるように感じさせる。ことばはゆるやかで高貴、その筆跡のように形が整っており、並々ならぬ信念に満ち、驚くべき的確さで、愛撫するような音楽的抑揚を持ち、語の最後の吐息のようなものが多少気取った感じを与えるものの、論述の形式もきわめて完全なもので、あまりの完全さに技巧をほとんど感じさせず、まったく自然のそのもの、それはまさしく、哲学者はそのもっとも深遠な分析、そのもっとも高度な総合的思索においても万人の言葉を語らねばならないと考える哲学者のものである。しかし、このような単純さの中に、なんという深遠さがあったことか。[14]（強調、筆者）

特に、「愛撫するような音楽的抑揚を持ち」の語に注目しよう。それこそは、ベルクソンが文化系教育において基本的支えと考え、自身、発話の際には応用していたであろう「朗読術」(l'art de la diction) の結果に違いないからである。『思考と動くもの』の序論・第二部で哲学者は語る。

子供はまず作品を改めて創り出し、換言すればある程度作家のインスピレーションをわがものとしていなければならないであろう。それは作家に追随し作家の身振りや態度や進み方をまねるのでなければ、どうしてできるであろうか。声にして正しく読むことがまさにそれに相当するのである。

後になって知性がそれにニュアンスを加えることであろう。だがニュアンスや色彩も、デッサンなくしては何ものでもない。いわゆる知性の働きより以前に、構造および運動の感覚が存在するのである。それらを正しく表わし、一つのパラグラフのさまざまな文章の間の時間的関係、一つの文章の様々な要素の間の時間的関係を考慮し、感情と思考のクレッシェンドを、音楽的に頂点として記されている点まで、絶えることなく追うこと、朗読術は、正にそこに成立する。この術を趣味の術として扱うのは誤りである。これは、勉強の終りに飾りとして到達されるべきものではなく、始めから常に支えとしてあるべきものである。(*P.M.*, 94 強調ベルクソン)

ベルクソンが繰り返し強調している「リズム」とは、文法用語では《l'élément rythmique》(「律動要素」[15] あるいは「リズム単元」)と呼ばれるもので、「文はいくつかの統一ある概念を持つ語群から成り、文の強さと高さのアクセントは、この語群の最後の音節に置かれる。この強勢の反復が文のリズムをつくる」[16]と規定されているものである。また、長い文章の場合、内容的に提示部分の最後に当たる語群のアクセントが、全体で一番高いアクセントになり、続く結論部分の語群のアクセントは下がってゆく。

驚くべきことに、われわれが右に引用したベルクソンの文を、リズム単元で読んでいくと、「頂点として」(comme culminant)が、文字通り最も高い音になることに気づく。書き言葉でも、これほどリズムに配慮がなされているのである。[17]

おそらくリセの教授となった時から、既にベルクソンはこのような「朗読術」を応用していたのであろうが、コレージュ・ド・フランスの講師に就任した時期には、深まった自己の哲学を、ますます磨きあげられた「朗読術」の応用をもって表現したがゆえに、あらゆる種類の人々の理解を促し、惹き寄せる結果となったのであろう。

ちなみに、上に引用した「朗読術」についての箇所に哲学者自身がつけた注には、コレージュ・ド・フランスの講義で『方法序説』の一頁か二頁を例としてとりあげて、各々方向の定まった思考のさまざまな行き来が、句読点が指示するリズムの効果だけによって、とりわけ声に出して正しく読む時に示されるリズムの効果だけによって、デカルトの心からわれわれの心に移ってくる経緯を示そうとしたのである」[18]と記している。この講義を聞いた人々は、シュヴァリエの語るようなベルクソンの講義の「愛撫するような音楽的抑揚」の秘密を知ったことであろう。

さて、われわれのペギーに戻ろう。シュヴァリエは、コレージュ・ド・フランスのベルクソンの講義の際のペギーの様子を「師の講義に聞きいっていたあのペギー」と書いていたが、「聞きいっていた」の原語は《buvait》となっている。《boire》(飲む)の比喩的意味で用いられている。だから、ペギーは、師のコレージュ・ド・フランスの講義をノートに取ることなく、ひたすら聞きいっていたことがわかる。

ペギーのこのような聴講の態度は、ペギーが友人に速記させた同講義の記録が二〇一六年から四分冊で出版された際に、校訂者のカミーユ・リキエが言及しているように、ペギー自身の特別な深い願望につながるものであった。

われわれが、われわれの最も深いところにもっている情熱、天才の作品を、その源泉そのものにおいて、始めにおいて、原点において、捉えたいという情熱。（中略）天才の作品が人類の歴史に出現するまさにその時点、顕現するまさにその時に身を置く時にこそ、その天才の存在そのもののうちに、直接的に、瞬時に参入する最大の機会を持つだろうという、われわれの信念、あるいは幻想。（*Pr.II*, 214）

だから、シュヴァリエが描いているペギーのコレージュ・ド・フランスにおける聴講の態度は、「聞きいる」という比喩的な意味よりも、あえて直訳的に「天才の作品を源泉そのものにおいて」飲みこむ態度であったというべきであろう。

そして、コレージュ・ド・フランスの講義で長く続いたペギーのベルクソン哲学に対するこのような吸収の仕方は、ペギーが自身の論考でベルクソン哲学に言及する場合の独特の様相の根源にあるものと思われる。思いがけない箇所で突然ベルクソン哲学が参照され、しかも、ベルクソン哲学については、ほとんど出典の指示もない。しかし読む者は、非常に的確な指摘であると感じるのである。例：民衆大学で、ベルクソン哲学と言語の関係を社会学と心理学の関係に比較した講義。（*Pr.I*, 1796 sq）ペギーの内には、《ベルクソン哲学の泉》のようなものがあり、ペギーがベルクソンについて言及する時は、そこから直接汲みだしていたのであろう。

ところで、コレージュ・ド・フランスのベルクソンの講義を、ペギーが速記させていたという事実は前から知られており、一九六八年の段階で、ベルクソンとペギーの研究者アンドレ・ロビネは、「この速記録が使用できるようになれば、ベルクソンの著作に関する歴史研究に大いに役立つであろう」[19]と予告していたが、実際には、それから更に約三〇年後の一九九七年になって、ペギー家で三つの段ボール箱に入った講義録のタイプ原稿の形で発見され、パリ大学教授アンドレ・ドゥヴォーの仲介によりドゥセ文庫 (Fonds Doucet) に寄託された。

これは、ペギーの友人で公認速記者であったラウールとフェルナンのコルコス兄弟による速記をタイプ化したもので、これが確固とした校訂を経て、次々と出版されることによって[20]、一般の読者にも、およそ一一〇年前に大ブームを起こした哲学者の「声」と「リズム」を聞くことが出来るようになったのである。

内容的には、ベルクソン自身が、一九〇七年刊行の『創造的進化』第四章の始めの注で、「本章の、諸体系の歴史、特に、ギリシャ哲学を扱っている部分は、一九〇〇年から一九〇四年のコレージュ・ド・フランスの講義において、とりわけ一九〇二年－一九〇三年の『時間観念の歴史』の講義において詳しく展開した見解の非常に簡潔な要約に他ならない」と述べているように、後に簡潔な形で発表されることになった見解の源泉であると同時に、詳細な説明になっている。また、校訂者リキエも言うように、『創造的進化』では完全に省かれることになったプロチノス哲学に関する部分は、貴重な発見となった。[21]

ところでペギーが、先ずは高等師範学校で、次いで、コレージュ・ド・フランスでベルクソンの講義を聞き始めた頃の実生活は、波乱に満ちたものだった。
まず、一八九四年に高等師範学校に入学すると、その翌年の同校の創立百周年で『社会主義雑誌』の編集長ポール・ロバンが同校生たちに社会主義運動への参加を呼び掛けたとき、ペギーはすぐにそれに応じて、同校の社会主義陣営に所属し、一八九七年以降『社会主義雑誌』にピエール・ドルワールのペン・ネームで社会問題について寄稿を始めている。また、一八九八年一月一三日に、かのゾラのオーロール紙上の「私は告発する！」によってユダヤ人のドレフュス大尉の対独通牒の嫌疑に対する最審運動の火蓋が切って下ろされたとき、時を移さず、高等師範学校司書のリュシアン・エールが同校関係者を中心に多数の知識人を集結させることができたのも、ペギーがその「徴兵軍曹」役を果たしたからであった。(*cf. Pr.I*, LIV)
またペギーは、一八九七年に友人マルセル・ボードウアンの妹と結婚し、翌年の一八九八年に、その持参金四〇〇〇フランを基金として、クジャク街に社会主義のジョルジュ・ベレ書店を創立し、本を発行すると同時に、この書店の空間が、ペギーと友人たちが、反ユダヤ主義者グループの攻撃からソルボンヌや周辺地区を防衛するために出かける拠点ともなった。(*cf.Pr.I*, LXIII)
この書店の経営が困難になり、一八九九年八月にリュシアン・エールを中心とするグループに実質上譲渡し、それに代わる発行機関としてペギーが翌年一九〇〇年に創立したのが、購読者制度の雑誌『半月手帳』(Cahier de la quinzaine) であった。(*cf.Pr.I*, LXIII)
ベルクソンのコレージュ・ド・フランスの講義が始まって二年目の一九〇一年の『半月手帳』に記さ

れた次の有名な言葉は、この講義がペギーにもたらしていた《生きる喜び》にも近い熱烈な敬愛の念を伝えている。

金曜日の四時四五分からの講義の時間は、一週間で一番良い使い方をしている時間だと僕は確信している。(中略)その教えは、現代において最上の美をなすものだ。(Pr.I, 790)[22]

師弟の関係は、このようにして始まった。

ところで、一九六八年P.U.F.社から刊行の『ベルクソン研究』第八巻(*Etudes bergsoniennes VIII*)は、「ベルクソンとペギー」特集で、この巻に、両者の間の一九〇二年からペギー没年の一九一四年までの全ての書簡と関連文献、計四三点が収められているので、これ以後の時期の両者の関係については、これらの書簡に沿って見ていこう。

まず注目されるのは、一九〇三年二月二三日のベルクソンからペギーへの書簡である。(この特集で両者の書簡は年代順にローマ数字で表記されているので、本論でもそれを適用する。)

(II)

親愛なる友よ

あなたの読者たちは、最新号の『手帳』に、私の『形而上学入門』の結論部分を見出して、きっと少し驚いたことでしょう。最初に驚いたのは私ですが、この掲載についてあらかじめ私の意見を尋ねて下さったら、私はあなたにそれを勧めなかっただろう、と言わねばなりません。『半月手帳』は、主として政治的、社会的活動を対象とするものと私には思えます。そして、全てから離脱した抽象的な哲学的思弁が、特定の実践的姿勢の枠組の中にはいっているところに、私は真の危険を見ます。同じ出版物の中に二種類の記事が並んでいるのを見たら、読者の目には必ずやそのような枠付けが生まれることでしょう。

「特定の実践的姿勢の枠組み」とは、もっと具体的に言えば、「社会主義でドレフュス派の雑誌」ということであろう。この件は、『形而上学・道徳雑誌』一月号に掲載されたベルクソンの論文を、ベルクソン本人の掲載許可を得ずに『半月手帳』に掲載してしまったペギーの失敗であるが、ここにベルクソンが記している警戒感の根底には、社会の中での哲学者の生き方についてのベルクソンに特有の信念があった。

ベルクソンは、哲学の方法論についての論考を集めた『思考と動くもの』の冒頭で、「哲学に最も欠けていたのは的確さ (précision) である。」(P.M., 1) と書き、自身の哲学は、自然科学においての空間的・数量的検証方法とは違うが、内的持続による検証を方法とする科学である、と主張する一方、実社会における個人の行動、特に政治的選択については、科学におけるような検証はできないだけに非常に慎重であった。

ジルベール・メールの『わが師ベルクソン』の中には、一九〇七年、アクション・フランセーズをめぐってジルベールがした質問に対しての次のようなベルクソンの返答が記されている。

友よ、政治の問題については、私が自分に課している知的生活ゆえに、控えめな態度を崩すことはできないのです。控え目な態度というのは、しばしば実際には無知を意味しますし、中立的態度というのは、時には卑怯なことになって後悔するのですが。（中略）おそらく私のうちで何らかの意見は形成されているかもしれません。けれどもそれは漠然として流動的なものです。私には様々な政治思想の中から迅速に選択することはできません。[23]

ベルクソンのこうした実社会における個人の行動に対する考え方は、デカルトが、学問を構築する傍らで、実生活において、種々の決断をし、幸福に生きるために定めた、穏健を旨とする《仮の道徳》を連想させる。じっさい、一八九三―一八九四の学年にアンリ四世校で《仮の道徳》についてベルクソンの行った次の説明は、ほぼベルクソンの生活方針と重なるといえるだろう。

デカルトの《仮の道徳》は、人生の目的を思弁と科学研究と定め、良く哲学するために必要な内的また外的平和を得ることを何よりも気遣う思想家の道徳である。[24]

他方、ペギーの内では、社会や政治の問題は、信奉するベルクソン哲学と深いところで通底しており、ベルクソンにおけるような《仕切り》は存在しなかった。ペギーが、ベルクソンのうちには在るこの仕切りを今後も全く無視して対応されては困る、という強い警戒感が、ベルクソンに、右に引用したかなり厳しい文を書かせたと思われる。実質的にこの書簡は、今後、『半月手帳』には一切ベルクソンの著作を掲載しないことを求めているのであるが、ペギーのほうは、社会主義者の《民衆大学》的な発想で、このような「本当に素晴らしい」「重要な」「真の哲学者」の著作こそ、もっと幅広く一般の人々に知ってもらう必要がある、ベルクソン氏の全ての論考を掲載できないのが残念である (*Pr.I*, 1760)、などと書いているのだから！ベルクソンの警戒感がどの程度ペギーに伝わったか、心もとないところである。

また、ベルクソンのこの書簡の調子によって明らかになると思われるのは、ベルクソンの『半月手帳』の購読は、恐らく、ペギーのほうからの勧誘によるものだろうということである。なお、全ての書簡において、都会人らしい礼節を尽くし、あくまでも抑制の利いた文章を書く哲学者は、この書簡の後半では、ペギーの哲学者に対する共感の念に心動かされたことを記して終えている。

次に注意を引くのは、一九〇六年四月〜五月の師弟のやりとりである。この年の四月に、『半月手帳』の経済的地盤を確実にするために、合資会社にする案が同編集部で持ち上がり、購読者たちに出資を募る回状が送られた際のものである。

ペギーは、「師よ、購読者に送るこの回状をあなたにもお送りします。あなたに対して、このような無遠慮そのもののやり方をしますことをお赦し下さい。特に今年のような研究休暇でいらっしゃる年には、外から騒ぎを持ち込むことは決してするまい、思考においてのみ貴方と共に生きようと心がけてまいりましたのに。」(*Et, berg.VIIIp.19*)と、消え入りそうな調子で、編集長の義務として回状を送ったペギーに対して、ベルクソンの返事は、再び哲学者にとっての《仮の道徳》を確認するものであった。

あなたの書簡と一緒に入っていた回状は、近いうちに何人かの友人に伝えましょう。ただ、私自身について言えば、これは既にお話したと思いますが、私はいくつかの方針を持っていて、その中には、いかなる種類の結社にも入らない、というのがあります。そして、《出資参加》は、この種の何かになることを恐れます。

(VII)

『手帳』の社会的・政治的問題に対する姿勢にコミットする危険性はあくまで控える、という方針であるが、ただ、この時も、哲学者は自ら「寄付購読料」に切り替えることを申し出ており、上記の危険性のないところでは、ペギーに対して実に親切に協力を申し出ている。例えば、一九一〇年六月、ブーローニュで開かれた昼食会にペギーを誘い、哲学者の弟子の銀行家アルベール・カーンに引き合わせて、カーンから年間五〇部の『手帳』の購読を取付け(*Et.berg.VIII.p.25*)さらに、一九一一年二月三日の書簡には、ペギーが『手帳』の支援を求めてベルクソン宅を訪れたあと、その日のうちに、アンリ・ド・ロチルド(ロスチャイルド)男爵の相談役ともいうべき友人のグート氏に自ら会いに行き、『手帳』一二〇冊の購読の返事を得て、「これは大変嬉しいことなので、大急ぎであなたに伝えます。」と書いたベルクソンに、ペギーは、「親愛なる師よ、あなたが私にして下さることの二十分の一さえ、いつの日にお返しできるでしょうか？」と述べている。

一九一〇年六月四日の書簡の最後に、ベルクソンは「私はあなたに関わることは全て、注意深く、大きな喜びをもって読んでいます。」と書いているが、師は、自分の哲学について、自分の講義について書かれている多くの部分に限らず、弟子ペギーが書いたものが含蓄する独特の直観的思考とその純粋でひたむきな人間性を愛していたのであろう。

さて、論の流れで、一九一一年まで来てしまったが、この間に、当面の師弟関係に特別の変化をもたらしたものではないが、両者の各々にとっての重大な出来事を記しておこう。師にとっては、一九〇七年の、あの《生命の躍動》(élan vital) の概念で有名な三番目の主著『創造的進化』の発表、そして、それに続いてフランスを始め世界中で起こったベルクソン・ブーム。そして、ペギーにとっては、一九〇八年の、幼年時代のキリスト教信仰への回帰である。

さて、書簡のやりとりに戻ろう。

一九一〇年一二月二日のベルクソンからペギーへの書簡は、非常に注目すべきものである。前半は、『手帳』への経済的援助のため、一四五フランの為替を同封します、という事務的連絡であるが、実に不思議の感に打たれるのは、『手帳』に掲載されたペギーのドレフュス事件の体験記『われらの青春』に対する感想を述べた後半である。

これより三年前の一九〇七年に、前出の教え子ジルベール・メールにドレフュス事件についての意見を聞かれた時には、ベルクソンは次のように答えている。

ドレフュス事件についての私の考えですか？　私は最初、長いこと、私の同宗者の有罪を信じていました。それからアンリの偽書の件によって無罪の意見に傾いて、ともかく再審に賛成になりました。しかし、再審を獲得するために騒動を起こすやり方は、私がつねに批判していたところです。私の考えでは、あの騒動のおかげで、司法の場に留まりえたものが嘆かわしい内乱に変貌してしまったのです。私は、ドレフュス事件では、みな間違っていたと思います。そしてあなたも想像できるでしょうが、こういう態度は、私を両陣営の敵意にさらすことになりました。[25]

これは、いかにも「仮の道徳」を生きる哲学者らしい反応で、これまでたどってきた、政治にはコミットしない態度の続きである。ところが、ベルクソンは、上の返事の中で「あの騒動」と呼んでいるドレフュス派の再審運動、ペギーが身を投じた、他ならぬ、あの運動について書かれた『われらの青春』を読んで、ちょうど、神の雷に打たれたようになって、いままで迫害してきたキリスト教に自身一挙に回心してしまった聖パウロのように、ドレフュス派の運動の本質に一挙に回心してしまったようなのである。

(XVIII)

この休暇のあいだ、とても疲れていて具合が悪くなかったなら、《神秘と政治》についての『手帳』についてお祝いするために手紙を書いたことでしょう。あなたの批判のいくつかは少し厳しすぎるかもしれません。しかし、あなたの書いたもので、これ以上に良いものも、これ以上に感動的なものもありません。

心より

H・ベルクソン

常々、書簡は抑制の利いた書き方をするベルクソンが、これほど手放しで賞賛するのは、稀有のことである。だから、われわれは、本論の冒頭で提出した問い、ペギーがベルクソンに先駆けて、師ベルクソンが「出来たら表現したかった最も内奥の思想を表現した」と言った作品の候補として、まずこの『われらの青春』を念頭に置いておこう。

さて、次の一九一一年四月二九日のペギーからベルクソンへの手紙は、結局のところ、師弟の間に亀裂を生む機会となったものである。

(XXV)

親愛なる師よ、貴方への一冊と人文社会学アカデミーへの一冊をお送りします。この本全体がいかに貴方の思想に満ちているか、何度あなたの名前が現われるかご覧になることでしょう。この本、一〇年にわたるこの著作の一頁ごとにあなたを置き、あなたを見出すことは、私にとってなんという喜びでしょうか。

アカデミー・フランセーズでの戦いは続いております。私たちは皆、あなたの《報告》がなされたら、結果は確定するであろうと確信しております。

残念ながら、私は四週間あなたにお目にかかりに伺うことができません。明日から軍当局のもとにあって、フォンテーヌブローで、古代の英雄のようにテントのもとで寝るのです。

敬愛をこめて

ペギー

アカデミー・フランセーズの戦いというのは、アカデミー・フランセーズのフランス文学大賞をめぐる戦いのことで、モーリス・バレスの推薦で、ペギーがこの年の四月末にベルナール・グラッセ社から出版した『選文集』(*Œuvres choisies* 1900-1910) ——『われらの青春』などの散文に『ジャンヌ・ダルクの愛徳の神秘』の抜粋を加えたもの——をもって立候補し、それに対抗して、なんと、『半月手帳』で毎号『ジャン・クリストフ』を掲載中のロマン・ロランがこの作をもって立候補した。この件は不明なことが多く、ペギーがいつロランの立候補を知ったかはわからない。

ところで、ペギーの言う《報告》というのは、ベルクソンの所属する人文社会科学アカデミーでのペギー推薦のための《報告》のことである。

ペギーがベルクソンに手紙を書いたのが、『選文集』が出たばかりの四月二九日で、賞の決定は六月八日と、正味約一か月で、この件の状況は、非常にせわしない。このようなせわしなさが、事の進行に影響したことも考えられる。

ペギーの手紙に対しての五月三日のベルクソンの返事は、次のようなものである。

(XXVI)

親愛なる友よ、

『選文集』を送って下さり有難うございました。非常によく選ばれていると思います。この本を来週アカデミーで紹介するために可能な限りを尽くしましょう。——ただ、現在ほどの過労の時期を過ごした記憶はないほどで、無思慮にあちこちで一定数の約束をしてしまうものですから、全ての期限がたまたま一緒に来てしまうという状況です。特に、今月末に英国で連続講演をする約束をしましたので、今日も、フランス語に不馴れな聴衆が予め内容を知るように、前もって講演を作成してくれという依頼を受けたところです。この仕事をするために夜の時間を使わざるを得ません。講義の準備と他の仕事の為に、日中の時間も足りないからです。どうしたらこういう状態から抜け出られるか、神のみぞ知る、です!

次の会期に、アレクサンドル・リボ氏とドーソンヴィル氏―二人ともアカデミー・フランセーズの会員で、人文社会科学アカデミーの会員でもあります。―に会った場合には、あなたのことを話しましょうか？その場合は、事柄がどのくらい進展しているかを教えて下さい。対立候補がいるとは知りませんでした。

H・ベルクソン

ペギーの返事は、五月四日、すなわち翌日には書かれている。

（XXVII）

一九一一年五月四日木曜

親愛なる師よ、ご親切な手紙を頂きました。

『選文集』の選択をあなたが肯定して下さったと知って、ペルアン氏は大変幸いに思うことでしょう。私自身、彼には大変感謝していまして、このように良く《構成された》本を作成したことに対して、大いに祝福すべきであると思っております。

私の立候補の状況は、今週、大変良いと言えます。ご承知のように、私ははったりを利かせるようなことはいたしません。同僚のお二人の方に働きかけて下さることは、非常に大きな重みを持つでしょうし、貴方の報告は、近衛隊のような力を持つでありましょう。

敬愛をこめて。ペギー

あくまでベルクソンの「報告」を期待しているペギーであるが、ここまで往復書簡を読んできて、衝撃を受けるのは、上のペギーの書簡に当然続くはずのやりとりは一切なく、ここで往復書簡がいったん完全に切れてしまうということである。

ペギーの心に開いたであろう大きな暗い穴のようなものが、われわれにも感じ取れる。

上記のベルクソンの返事を読むと、英国行きが迫っているだけに、このスケジュールでは、とても「報告」は無理であったろうということは理解できる。ただ、同時に、ベルクソンの中に、その無理をなんとかしようとする熱意はなかったのも感じられる。原因は、「報告」の対象である『選文集』そのものにあったのではないだろうか。『選文集』は、散文集である。以後、偉大なキリスト教詩人になっていくペギーではなく、社会主義者、ドレフュス主義者のペギーの文章である。それをアカデミーで正式に「報告」をするという立場に立つことは、ベルクソンの《仮の道徳》に反するものとして重圧に感じられたのではないだろうか。たとえ、『われらの青春』にゆさぶられるものがあったとしても。

結局、この件は、一九一一年アカデミー・フランセーズの六月八日の正式の発表では、文学大賞は該当者なしで、業績全体に対して五年毎に与えられるエストラド・デクロ賞(八〇〇〇フラン)がペギーに与えられることになった。

そして、『ジャン・クリストフ』完結後の一九一三年六月五日に、今度はロマン・ロランがこの作品をもって文学大賞を獲得する。更に、ロマン・ロランは、文学大賞獲得後は、自分の作品を『手帳』ではなく、大賞への推薦者であったラヴィスの『ルヴュ・ド・パリ』に約束することになった。

この文学大賞の件がペギーにもたらしたであろう打撃は、推察に余りある。師ベルクソンが「報告」の約束を守ってくれなかったことについて、翌年の一九一二年に親友ロットに書いた次の手紙の中には、彼の憤慨が率直に吐露されている。また、そこには、激しい口調の中に、ベルクソンをも含めて一世代の人々に対する透徹した批判が見られる。

結局、彼（ベルクソン）は勇気がないんだ。自分の敵を不快にすることを恐れているんだ。バレスやジョレスなど、あの世代の人たちは皆同じで、友人を放っておいて、敵と和解するんだ。（中略）二年前、彼は、僕の『選文集』のために序文を書くことになっていたのに、逃げてしまった。

同じ一九一二年に、ペギーは、もう一度、プロテスタント系の雑誌『信仰と生命』誌の主宰で行われたベルクソンの講演『魂と身体』を『手帳』に掲載したいという希望を表明する手紙を書く。今度は予め許可を得ようとしたわけである。ベルクソンはこの申し出に感謝しつつも、講演はシリーズもので、『信仰と生命』誌に掲載されたあと、フラマリオン社からのシリーズとして刊行されることになっているので、『手帳』は原則未発表の作品を掲載の方針だろうから、二回も発表された後の原稿を取り上げるのは、実際上無理でしょう、と書く。

また、この書簡では、流石に、一年たった文学大賞の件に触れないわけにはいかず、ベルクソンは、段落を変えて、次のように書いている。

あなたの本をアカデミーに紹介することを考えてから、少なくも一年が経ちました。けれども、今でも学士院には、ほんの時々行くのがやっとです。学士院に行く時も、ほんのしばらくの間だけです。仕事が多く、本当に追い廻されています。自由な時間が少しでもできると、もう久しく以前から果たすべきだった仕事をするという有様です。

H・ベルクソン

この手紙を読んで、ペギーは、『手帳』にベルクソンの原稿は今度ももらえないことを知り、また、文学大賞のための「報告」は、多忙のため出来ない状況が今も続いている、という説明を受けて、ペギーはこれ以後ベルクソンに対して沈黙を守ることになる。そして、その沈黙の中で、ペギーの師に対するひたむきな敬愛の念は、そのまま激しい憎悪の念に変貌してゆかずにはすまなかった。

一九一三年には、『手帳』一二月号に、ベルクソン哲学に敵対する立場のジュリアン・バンダによる論考『悲愴なる哲学』を掲載して、友人たちを驚かせることになるが、その折にペギーは、友人リビーに言っている。

『手帳』は、内容の傾向のために掲載を拒否したことは一度もないよ。ところが、もう何年も前

からベルクソン自身に、原稿が欲しいと言っているのに、何も入手できないんだ。(*Pr.III*, 1775)

さて、一九一四年という年は、ベルクソンがユダヤ人として初めてアカデミー・フランセーズに入るらしいという噂があり、それを巡って、シャルル・モーラスの反動的愛国主義的運動《アクション・フランセーズ》の激しい反ユダヤ主義の攻撃と、前年に批判の書『ベルクソン哲学』を刊行したジャック・マリタンのカトリック反動派の攻撃が起こり、更には、マリタンの働きかけによってローマ教皇庁がベルクソンの著作を《禁書》[26]にしようとしているという噂があり、また、フランス社会全体のベルクソン・ブームを巡って、『ラ・グランド・ルビュ』誌が、「アンリ・ベルクソン氏とその思想の、同時代の感性に対する影響」について文化人に広く行ったアンケートへの回答を数か月にわたって掲載する、というような、いわばベルクソンをめぐる名誉と誹謗の大騒動の年であった。

そして、二月一二日、多くの反対キャンペーンの最中、ベルクソンは、ユダヤ人として初めてアカデミー・フランセーズの会員に選ばれる。

ペギーの親友で『カトリック大学教員雑誌』の編集長のジョゼフ・ロットは、ベルクソンに対して自分を閉ざしてしまっているペギーに対して、二月一七日、実にさりげなく、しかし配慮に満ちた手紙を書く。

ベルクソンのアカデミーへの選出を知ると、僕はお祝いのカードを送った。彼はあらゆる方面から攻撃を受けている状況だから、確固として厳粛な姿勢で、このアカデミー入りを記念して、われわれがベルクソンに負うものと、彼の偉大さがどこにあるかを記すべきところではないだろうか。（中略）マリタンやモーラスなどのベルクソンに対する態度には全く気分が悪くなる。（*Pr.III*, 1775）

この手紙を受け取って、ペギーは、いったんは手紙の上の余白に「否」と記す。しかし、このロットの働きかけに、ペギーのベルクソンに対する深い愛憎の念が解き放たれ、ついに、一〇日後の二月二七日にペギーはベルクソンにあの有名な書簡を書くことになる。

（XXXI）

一九一四年二月二七日金曜日

人が私を押し込めるのに成功した全き孤独のうちにあって、私はあなたがなお一層恐ろしい孤独を経験していらっしゃるのを感じます。なぜなら、その孤独は喧噪に浸されたものだからです。私の書いたものを読む時間はもはやない、と私におっしゃった日にあなたが私にもたらした苦しみがどのようなものだったか、あなたは全く考えてみることもなさいませんでした。いや増す悲惨と孤独の二〇年のあいだ、三人か四人の人が私の書くものを読んでくれさえすれば、全てを受け入れてきました。そして、あなたは、そのうちの第一の方でした。私は今日、墓の中で仕事をしています。

しかし、貴方は、もはや、あなたから私が受け取ったものが何であるかに考えを向けることさえなさいません。

あなたの／ペギー

この手紙から強く伝わってくるのは、二つのこと、「私の書いたものを読む時間はもはやない、と私におっしゃった日に、あなたが私にもたらした苦しみ」、すなわち、ベルクソンがペギーの文学大賞受賞の後押しを放棄した時に受けた苦しみ、そしてもう一つ、誰もが祝辞を述べていた時に、「喧噪に浸されたものだけに、なお一層恐ろしい孤独を感じていらっしゃるのを感じます」という、ペギーのベルクソンに対する深い愛情ゆえの洞察、である。荒々しい多くの反対キャンペーンの最中（アカデミー入りが決定したその前日にも、モーラスは強烈な反対キャンペーンをしている）徹底して沈黙を守っていたベルクソンの深い孤独に思いを致したのは、おそらく自ら別の深い孤独を生きていたペギーだけだったであろう。

ベルクソンは、書簡を受け取ったその日のうちに、驚きと混乱の状態で次のように書くが、右記の二つのことはベルクソンの心を強く打ったに違いない。

（XXXII）

一九一四年二月二七日

親愛なる友よ

貴方が私に書いていらっしゃることが何も、本当に何も理解できないと申しあげることをお許し下さい。仕事が過重で、本当に押しつぶされていますので、私は読書の範囲をますます狭めることを余儀なくされています。しかし、あなたのものは、変わらぬ興味と変わらぬ深い共感をもって読んでいます。ですから、この誤解はどうしたことでしょうか？

敬具　H・ベルクソン

このベルクソンの返事に対して、ペギーは、自分自身に関しては、より具体的に説明し、そしてベルクソンの敵に対しての戦いに取り組む意志を表明する。

(XXXIII)

一九一四年三月二日　月曜

親愛なる師よ、実際に読むことの話ではありません。それどころか、あなたが実際読む時間がほとんど無いということは充分理解しております。本当のところ、一〇年か一五年前には、私たちは考えが一致していない時でも、そして互いのものを読んでいなくても、互いの位置が分かっていたのです。

ただ、四年前から、あなたは、私の世間での闘いから身を引いてしまっておられますし、私のほうも、あなたの戦いに加わっておりません。私の戦いにあなたが加わって下さっていたら、ラヴィスは私を邪魔することは出来なかったでしょうし、もし、私があなたの闘いに加わっていましたら、信心家たちがあなたを攻め立てるには至らなかったことでしょう。

あなたの哲学に対する攻撃がここまで激しいことに驚くことはありませんが、攻撃が完全に逆方向に行われていることが不思議です。この国に霊的生命の源泉を再発見して下さったのはあなたであり、それは疑いの余地のないことです。あなたがいらっしゃらなかったら、いまだスペンサーやデュマやル・ダンテックの段階に留まっていたであろう人々が、あなたに向かって猛然と反対する姿は恥ずべきものです。

モーラスのような人間を負かすのに十分強いペンを持っているのは私だけです。反ユダヤ主義者と狂信者のどちらをも押し返すのに十分重い拳を持っているのは私だけです。それとも、私が加わることなしに、闘いが交えられ危うくなる様を生涯で初めて目にすることになるのでしょうか?

敬具　ペギー（強調ペギー）

このペギーの手紙を読んで、ラヴィスの名が出ることで、ベルクソンは、文学大賞の件で動かなかったことがペギーの落胆を引き起こしたことをはっきり悟り、また現在のベルクソン批判が逆方向に行われているというペギーの慧眼に心打たれたことであろう。

ベルクソンの返事は次のように始まる。

(XXXIV)

親愛なる友よ

一九一四年三月

あなたの手紙に私は強く関心を惹かれ、感動しました。

近いうちに、話に来られませんか？

こうして、あしかけ三年の沈黙を破って、師弟の交流は、三月一一日に再開することになった。ベルクソンは《仮の道徳》が、結果的に深くペギーを傷つけたことを実感し、また、弟子ペギーのベルクソンに対するひたむきな敬愛に改めて感動したことであろう。ペギーは、ベルクソン哲学論を先ず『グランド・ルヴュ』誌に、そして、その補充版を『手帳』に出す予定を知らせたらしい。

次に来る一九一四年四月二一日付のエジンバラからのベルクソンの書簡は、そのことへの謝意を述べたあと、次のように続く。

(XXXVI)

私のアカデミーへの入会演説を喜んで『手帳』に発表しましょう。けれども、それにはまだ間があります。私の入会式は、来年にならないと行われませんから。

嗚呼、ついに！ベルクソンは、最も正式なアカデミー入りの演説を『手帳』にくれると、いともさりげなく言う。ペギーが自分の最も深い思いをぶつけることによって、ベルクソンを《仮の道徳》の束縛から解放したのである。ただ、ペギーにもう来年はなかったことは知る由もなかった。この入会式は、第一次世界大戦勃発のため、結局、戦後の一九一八年に行われることになったのだった。往復書簡では、次に、一九一四年五月四日のベルクソンからペギーの『グランド・ルヴュ』掲載のベルクソン哲学論に対する短いが心のこもった謝辞が来て、その次に『手帳』(一九一四年四月二六日号)に掲載の「ベルクソン氏とベルクソン哲学についての覚え書」についての書簡が来る。

(XXXVIII)

エジンバラ　一九一四年五月一七日

親愛なる友よ

一週間以上前から、ずっとあなたに手紙を書こうとしていました。しかし、一時間一日、一日と延ばさざるをえませんでした。自分のやることが思うようにやれないのです。本当に一分も自分の思うようにならないのです。今日、日曜は英国の法律のお蔭で少し暇を与えられました。それを活用してあなたに申します。あなたの『手帳』最新号[27]は、私を魅惑しました。おそらく『グランド・ルヴュ』の論文は、彫刻作品の本質をデッサンや写真が与えることができるように、すでにその本質を与えてくれていたといえましょう。しかし、彫刻は、もう一つ次元を加えたものです。あなたの『手帳』に私が見出すのは、そのような第三の次元です。あなたは、自分の考えに特別な浮彫を与えることができたのです。私は特にデカルトについてのあなたの考えに注目しました。それから、硬いものと柔軟なものについての、特に道徳における《硬さ》と《柔軟さ》についての最後の考察に非常な深さを見出します。一見すると《硬い道徳》は《柔軟な道徳》より厳しくない、というのは矛盾に思われるかもしれません。しかし、それは、真実そのものです。しかし、この『手帳』の中の面白い点を全て書こうとすると大変です。あなたに直接伝える機会を待つことにしましょう。改めて感謝します。

敬具

H・ベルクソン

そして、師弟の往復書簡の最後に来るのは、師ベルクソンから弟子ペギーへの次の書簡である。

(XXXIX)

一九一四年七月九日

親愛なる友よ

あなたが書いていらっしゃることは、言葉にならないほど私を感動させます。あなたが既に私に捧げて下さった『手帳』は、センセーションを呼びました。あなたが準備中という『手帳』も同様のことになると確信しています。

あなたは月曜の午後は空いているとのことですから、次の月曜二時半に来て下さいますか？水曜にはもうパリにいませんから。(後略)

ペギーは、一九一四年四月にベルクソンについての『覚書』を発表すると、「ベルクソン哲学のまた別の側面について書くため」(*Pr.III*, 1791) 引き続き『デカルト氏とデカルト哲学についての覚書・続編』の題のもとに続きを書き始めていた。そして、ベルクソン哲学についての『覚書』を読んで「雷に打たれたような衝撃」(*Pr.III*, 1790) を受け、また、ペギーが続編を書いていることも知っていた『新フランス評論』のジャック・リヴィエールは、五月に、あのベルクソンについての『覚書』の調子と次元の『覚書・続編』を『新フランス評論』のために書いてくれるようペギーに注文する。八月号に前半、九月号に後半を掲載する予定を提示したが、長くなりそうなことを考えて、ペギーは、九月号から始めることを申し込む。

そのような時、六月二日、以前から噂のあった教皇庁の、ベルクソンの三著『意識の直接与件についての試論』、『物質と記憶』、『創造的進化』に対する《禁書》の決定が下りる。『覚書・続編』を書いていた最中のペギーにとって、この決定は、恐らく、むしろ大いに闘志をかきたてるものであったであろう。上掲の七月九日のベルクソンからペギーへの最後の書簡は、ペギーがそのような状況にあって、師とじっくり話したいと思って面会を申し込んだのに対する返事であろう。

しかし、ここで、世界の運命を変える出来事が勃発する。七月二六日、オーストリア・ハンガリーがセルビアに宣戦布告をし、七月三一日、ドイツがロシアとフランスに最後通牒をつきつけ、第一次世界大戦が始まる。この大戦の混乱で、ペギーの未完の『覚書・続編』は、大戦後の一九二四年になって初めて、

『覚書』と合わせて、ガリマール社のペギー全集の第九巻として刊行されることになる。

ベルクソンが『デカルト氏とデカルト哲学についての覚書』をどう読んだかを知りたいところだが、『書簡集』にも『雑編』にも、その点についてのベルクソンの言葉はみつからない。一九二四年というと、ベルクソンは、ジュネーヴで、国際連盟の「知的協力委員会」議長として非常に忙しい日常を過ごしていた時なので、その刊行を知り読む機会を逃してしまったのかもしれない。

ここで、もう一度、本論の問題設定に戻ると、ベルクソンが『覚書・続編』を読めたとしても第一次大戦後の一九二四年のことで、本論の問題設定の機会となった、ペギーの戦死直後のベルクソンの言葉とは、関係を持ちえない。そうなると、あのベルクソンの言葉で念頭にあったペギーの書物として候補になりうる二番目のものは『ベルクソン氏とベルクソン哲学についての覚書』に他ならない、ということになる。

さて、戦争のほうは、八月二日に国民総動員令の発令となり、兵役に就くペギーは、翌日と翌々日、辻馬車を雇って、親しい人たち、そして仲違いした友人たちとも和解するために暇乞いに廻った。この最後の暇乞いは、ベルクソンを始め、全ての人に大きな感動を与えた。

『ベルクソン研究』八号の『往復書簡』に収められている書簡は、右に引用のベルクソン書簡で終っているが、アンドレ・ロビネが二〇〇二年に編纂した『書簡集』には、幸いに、もう一通、クーロミエ、二七六連隊「シャルル・ペギー中尉殿」の宛名のベルクソンの書簡を読むことができる。

親愛なる友よ、あなたの出発を祝います。あなたは、また戻って来ることでしょう。そして、私は、勝利し、若々しく、生気を取り戻したフランスで、あなたに再会することでしょう。けれども、もしあなたが死ななくてはならなかったなら、(私たちの誰が明日も生きていると確信できるでしょうか?)私を当てにして下さい。そして、私がいなくなった場合は、妻を当てにして下さい。奥様とお子さんたちのお世話をしましょう。

あなたを抱擁します。

H・ベルクソン

通常のベルクソンの書簡にはある段変えなどが一切ないこの書簡の特別な書き方そのものが、師の切迫した心情を余すことなく伝える。また、師が書簡の結びの言葉に「抱擁します」の表現を使うのは、唯一ここにおいてだけである。師は、この手紙を、出征する息子に書くような気持ちで書いているのであろう。思えば、誕生の年に父親を失ったペギーにとっても、ベルクソンに対する敬愛の念には、父親に対するようなものがあったであろう。実際、出征直前まで書いていた『覚書・続編』には、「彼(ペギー)は、ベルクソンに対して、父親に対するような変わらぬ愛情を持っていた。」(*Pr.III*, 1283)と記している。ペギー亡き後、師は、ペギー家の祖父のように、夫人や子供たちへの細やかな気遣いの手紙を最後まで書き続けている。

第二節　「最も内奥の思想」——『哲学的直観』によって

師弟の関係を辿り終えたところで、今度は、本論冒頭に掲げた問題に取り組もう。ペギー戦死直後に、ベルクソンがタロー兄弟に語った次の言葉が何を意味するか、という問題である。

彼は、人間の具体相を飛び越えて、その魂まで見抜く素晴らしい才能を持っていました。それゆえに、彼は、私がまだ表現していなかったけれども、出来たら表現したかった最も内奥の思想を知っていたのです。[28]

ペギーが知っていた、ベルクソンの魂そのものに近い、最も内奥の思想とは、何を指すのだろうか？それを考えるためには、ベルクソンの著書『思考と動くもの』に収められている講演『哲学的直観』[29]を参照するのが良いと思われる。

『思考と動くもの』は、ベルクソンの哲学的方法論を収めた本であり、そこに収められた諸論において、《直観》は、おおむね『形而上学入門』の次の文に明らかにされている、ベルクソン独自の認識論としての《直観》が問題となっている。

絶対者は、直観というもののうちにしか与えられないが、他の全ては分析の領分に属する。われわれわれがここで直観と呼ぶものは、われわれをある対象の内部に移し入れて、この対象が持つユニークなところ、従って表現できないところにわれわれを一致させる共感である。これに反して、分析とは、この対象を、既知の対象へ、すなわちこの対象と他のさまざまなものに共通している要素へと還元する操作である。(*P.M.*, 181 強調ベルクソン)

しかし、『哲学的直観』においての《直観》は、この著書の中で唯一、そのようなベルクソン的直観を意味していない異色のものである。この論考が考察しているのは、個々の対象に対する直観ではなく、世界について個々の哲学者が持っている固有の見方、世界を前にした直接的感覚に根ざしつつ哲学者の魂に直結した《世界観》としての《哲学的直観》である。ペギーが知っていた《ベルクソンの魂そのものに近い最も内奥の思想》とは何かを探るに当たり、この『哲学的直観』を参照することが有益であると考えるゆえんである。

この講演でベルクソンは、各哲学者の哲学的直観を見出すためのプロセスを説明する。

哲学者の思想の周囲を巡る代わりに、その中に身を据えようと一層努力するにつれて、彼の学説が形を変えるのがわかります。まず、複雑さが減少します。次に諸部分がたがいに他の部分の中へ入っていきます。最後にすべてがただ一つの点に集中します。そして、われわれは、その点に到達することはあきらめなければならないとしても、そこに次第に接近することはできると感じるのであります。この点にはなにか単純なものが、無限に単純なものが、あまりにも桁はずれに単純なために当の哲学者がそれを言うことに決して成功しなかったものがあります。そして、そのために、彼は一生涯語り続けたわけであります。(P.M., 119)

哲学者の思想が収斂するこの一点にこそ、世界に対する哲学的直観があるわけであるが、

当の哲学者がその定式を与えることができなかったのであれば、われわれがそれに成功するはずはないでしょう。しかしわれわれが把握し定着するところまで行くようなものは、具体的な直観の単純さと、この直観を翻訳する抽象的なものの複雑さを媒介するある種のイマージュであります。このイマージュは逃げ足が速く、すぐに消えてしまいます。それは、たぶん気づかれないでしょうが、哲学者の精神に付きまとっています。そして、それは直観そのものではないにしても、直観が《説明》するためには、どうしても助けてもらわねばならない概念的な、必然的に記号的表現よりも、はるかに直観に接近しているのです。この影を十分に見つめることにしましょう。そうすれば、この影を投げかける物体の態度を推量することができるでしょう。そして、もし、この態度を摸倣するための、いやむしろその中に入り込むための努力をするなら、あの哲学者が見たものをわれわれも可能なかぎり見ることになるでしょう。(P.M., 119-120 強調筆者)

このような《媒介的》イマージュを得るプロセスの実例を、ベルクソンは、コレージュ・ド・フランスで行っている哲学史の講義の中から、バークレー哲学の四つの命題を、熟練した哲学史家としての《手さばき》で相互浸透させて、一つの有機体にまとめて見せる。

しかし、それはまだ彼の学説の身体にすぎず、さらに《媒介的イマージュ》に達することが出来てこそ学説の魂に接近することができるだろう、として、ベルクソンが観取したバークレーにおいての《媒介的イマージュ》を二つ提示する。その第一のものは、「物質は、人間と神の間に置かれた透明な薄い膜である」(*P.M.*, 131) という媒介的イマージュで、ベルクソンは、この媒介的イマージュを、「われわれはほこりを巻き上げておいて、それから、見えないと不平をならしている」(*P.M.*, 131) と言うバークレーのさりげない言葉から感じ取っている。二番目の媒介的イマージュは、バークレー自身がしばしば持ちだしたイマージュで、「物質は神がわれわれに話しかける言語である」(*P.M.*, 131) というものである。

ここまで辿ってきたベルクソンの巧みで透徹した《媒介的イマージュ》論に倣って、先ず本論の問題のうち、「ベルクソンの魂そのものに近い最も内奥の思想」がなんであるかを考察し、その結果に「私がまだ表現していなかったけれども出来たら表現したかった」という言葉に対応するペギーの書物を合わせ考えることによって、ベルクソンの念頭にあったのが、往復書簡で言及し賞賛したペギーの二著、『われらの青春』と『ベルクソン氏とベルクソン哲学についての覚書』のうちどちらであるかを解明することにしよう。

ベルクソン哲学において最も重要な概念は二つ、《持続》(durée) と《躍動》(élan) である。そのどちらが哲学者の魂にもっとも近い内奥の思想なのであろうか？まずは、《持続》から見ていこう。

　この概念を中核とするベルクソンの博士論文にして最初の主著『意識の直接与件』(*Essai sur les données immédiates de la conscience*)は、リセ教授としてのベルクソンの二番目の任地、クレルモン・フェランにおいて書かれた。

　《持続》の概念がどのようにして生まれたのか、スーレーズとヴォルムスの共著の伝記『ベルクソン』[30]に依りながら見てゆこう。（ここで取りあげるのは、スーレーズ担当の部分である。）

　ベルクソンの《持続》の概念の誕生については、研究者は、哲学者がシャルル・デュ・ボスに語った言葉[31]によって考えるのが常であるが、この伝記でも同様で、引用符を用いて、デュ・ボスの伝えた言葉を散りばめながら語っているので、われわれもそれに倣うことにする。

　クレルモンでの最初の年、相変らずハーバート・スペンサーの哲学に惹かれて『第一原理』を研究していたベルクソンは、特に時間概念に関する章で行き詰ってしまった。「一般に受け入れられている時間概念を考えてみたが、どんな角度から取り組んでみても、乗り越え難い困難にぶつかってしまった。」それで、クレルモン・フェラン滞在二年目（一八八四―一八八五）、リセと大学の講師を兼ねることになったベルクソンは、ギリシャのエレア派のゼノンの詭弁を検証することによって、困難の根源へと遡ることにした。そして、ある時「生徒たちの前で黒板に問題の議論を説明しているとき」ベルクソンは、「どの方向に探求すべきかを、より明確にわかりはじめた」のだった。

　コレージュ・ド・フランス就任以前の初期のベルクソンのリセや大学での講義録を収めたものが、

P.U.F. 社から四巻出ているが、最も初期のリセ・クレルモン・フェランの講義を収めた『講義Ⅰ』(*Cours1*, P.U.F.1990) には、リセでのゼノンについての講義は見当たらない。しかし、元のタイプ原稿を調べたスーレーズによると、全体で一ページほどの、アキレスについてと、矢について、の二つの詭弁の説明と、更に一ページほどの注釈があるそうである。この『講義録』の年代特定はいまひとつはっきりしないので、それが件の授業そのものの記録なのかは断定しがたいが、しかし、リセの講義でゼノンの詭弁が扱われた事実そのものは確認できる。[31bis1]

そして、完成した論文『試論』では、ベルクソンは、まず第二章で、時間を空間から切り離して、時間性だけを抽出することによって、順を追った有機化、メロディーの一楽節に似た統一が存する《持続》としての時間概念を提示し、最後に、「一見して等質的持続の生きた標本のような運動の概念に、同じような分析を行ってみると、やはり同じ種類の分離を行うように導かれてしまうだろう」(*D.I.8*) として、エレア派への反論が持ちだされており、実際の論文準備過程においての研究対象が「運動」から「時間」の順であったところを、完成論文の叙述では順を逆にして、主題である「時間」から「運動」の順にしている。いずれにせよ、黒板の前で哲学者が「どの方向に探求すべきか」、より明確にわかり始めた、というその「方向」とは、運動でも、時間でも、空間から《分離》して考える、という方向であった。

さて、『講義1』、『講義2』の元のタイプ原稿を所有していて、ベルクソンの高弟、ジャン・ギットンにそれを寄贈し、自らも『クレルモン・フェランにおけるベルクソン』[31bis2]を書いたジョゼフ・ドウゼマールは、ベルクソンに、生徒たちを前に黒板でゼノンの詭弁を説明したときに経験したのは、一種の《啓示》

(illumination) であったのか、とたずねた時、哲学者は否定したそうである。[32] それは、「空間から分離して考えるべき」という、研究の方向性の認識であって、スーレーズも言うように、漸進的な歩みの一過程だったのであろう。また、ベルクソンの教え子のD・ラジョが一九〇五年に発表した『覚書』[33]で、師ベルクソンとジェームズの類似性を強調した時、ベルクソンは、ジェームズは「生来の心理学者」だけれども、自分のほうは、心理学に到達したのだ、と、その違いを強調したそうである。[34] そうなると、「いつも哲学者の歩みから離れない」哲学者の魂に近い内奥の思想である《哲学的直観》は、少し意外ではあるが、《持続》ではないと言うべきであろう。

そこで、次に《躍動》(élan) の思想のほうを追うことにしよう。ベルクソンの『創造的進化』の中心的概念として余りに有名な《躍動》の概念は、次のようなものである。

こうしてわれわれは長い周り道をしたのち、われわれの出発点となった理念に戻って来る。生命の根原的躍動 (élan originel) という観念がそれである。生命の根源的躍動は、成体となった有機体を介して、一世代の胚から次の世代の胚へと移ってゆく。成体となった有機体は胚と胚を結ぶ絆をなしているのである。かかる躍動は、もろもろの進化系統に分かれながら存続しており、これこそが諸変異の根本原因である。(E.C., 88 強調ベルクソン)

もし、われわれの分析が緻密であるならば、生命の根源にあるのは、意識あるいは超意識である。意識あるいは超意識は、火箭 (fusé) であり、その燃え尽きた殻はふたたび物質となって落下する。火箭そのものの残存したものも意識であり、殻を貫いて有機体として輝かせる。しかし、この意識は創造の要求であるから、創造が成立したときにしか姿を現さない。(E.C., 261-262)

以上のように、生命の根源的躍動を説明したあと、ベルクソンは、「進化に系列や諸項目が存在する必要があったのだろうか、一直線の進化にならなかったのはなぜか」という問いを投げかける。そして、「われわれが、生命を躍動にたとえるとき、なるほどそういう疑問が起こる。しかし、物理的世界から借用したイマージュで、これ以上に生命に近似した観念を与えてくれるようなイマージュはほかにないのであるから、生命は一つの躍動にたとえるほかはない」(E.C., 258　強調筆者）という。すなわち、ベルクソンにとって、生命の《哲学的直観》の《媒介的イマージュ》は、分岐による具体化、の様相を表す《躍動》でしかありえない、ということ、そして、哲学者自身がそれをはっきりと意識していた、ということである。それゆえ、本論の問題設定の件の言葉において、ペギーが哲学者の「最も内奥の思想を知っていた」という、その「最も内奥の思想」は、《生命の躍動》に他ならない、と、ひとまず言えるだろう。ひとまず、というのは、次に見るように、哲学者の思想においては、生命と意識は本質的に不可分のものであり、《躍動》の媒介的イマージュは、意識にも伴うものだからである。『創造的進化』の総論に当たる第三章「生命の意義について」の中には、生命と意識における《躍動》の本質的類似性が以下のようにはっきりと指摘されている。

私の内的生活はそういうもの（＝相互浸透と連続性）であり、生命一般もそういうものである。もし生命が、物質との接触において、衝動もしくは躍動に比せられるものであるにしても、それだけとして見られた生命は、無尽蔵な潜勢力、幾千万の傾向の相互浸透である。それにしても、それらの傾向が、幾千万にもなるのは、それらがひとたび相互に外的なものとされたとき、すなわち空間化されたときでしかない。物質との接触がこの分裂を決定する。その意味で、個別化は、部分的には物質のわざであり、部分的には、生命自身がもっているものの結果である。ある詩的感情が、個々の節、個々の句、個々の語において、自己を明らかにするときも、それと同様である。この詩的感情には、そういう多様な個別的要素がもともと含まれていたのであるが、それにしても、かかる個別的要素を作りだすのは、言語の物質性である、と言うことができよう。（E.C., 259）

ここに述べられているように、『創造的進化』を書いた段階で、哲学者にとって生命と意識は、共に、物質に出会って躍動のうちに具体化するという点で共通であるということになる。（哲学者の常の文に比べて切れ目のない文章表現そのものが、そのような共通性を強調する意図をもっていると思われる。）この書においては、《生命の躍動》の概念があまりにも注目を集めたので、《意識の躍動》の存在は半ば隠されてしまったきらいがあるが、哲学者の思想の中においては、確かに《意識の躍動》は、人間の意識の重要性と同じ重要性を持っていたのであり、『創造的進化』までの哲学者の《最も内奥の思想》とは、結局、《生命の躍動》と《意識の躍動》が、その本質的類似性によって不可分に重なりあった、その総体である、と言えるだろう。哲学者のペギーに関する言葉に含まれる《最も内奥の思想》の内実をそのようなものと見当をつけておこう。

ところで、《媒介的イマージュ》の概念を提示した『哲学的直観』の講演は、一九一一年に行われており、哲学者が『創造的進化』で、生命に関する自己自身の哲学的直観の《媒介的イマージュ》を《躍動》として提示した一九〇七年から四年後に当たる。しかし、そもそも、《媒介的イマージュ》は、哲学者の歩みに始めから影のように「つきまとう」ものであったはずである。

そこで、ペギーとの関わりでのベルクソンの《最も内奥の思想》についての考察は、右記の《見当》でひとまず小休止して、《躍動》すなわち《分岐による具体化》の媒介的イマージュのベルクソン哲学における出現に沿って、1から4まで、時期的に遡ってみておこう。

1．左記の文で《衝動》と呼ばれているものは、意識が創造に関わる時の《躍動》に他ならないであろう。『創造的進化』の四年前、一九〇三年の『形而上学入門』の中のテクストである。

著述に従事して成功を収めたことのある人はだれでもよく知っていることだが、主題を長い間研究し、資料を集め、すべてのノートを取ってしまったときでも、著述の仕事そのものに着手するには、さらに何かが必要である。つまり、一挙に主張の核心の中に入り込み、そして、後は行くべきところまでひとりで運んでくれるような衝動（impulsion）をできるだけ深く探し求めに行くための、しばしば苦しい努力が必要なのである。この衝動は、ひとたび受け入れられると、精神をある道にかりたてるが、ここで精神はかつて自分が集めた情報に再会するだけではなく、更に他の細部をも見出すのである。この衝動は自分を展開し、どこまでいっても数えつくすことができないほど多くの言葉に自分自身を分析する。進めば進むほど多くの言葉を発見する。しかし、全てを言いつくすところまではいかないだろう。しかしながら、この衝動を言いつくすところまではいかないだろう。この衝動を背後に感じて、これを捉えるために、突然振り返ると、それはみえなくなる。なぜなら、それは物ではなく、運動への教唆だったからである。（*P.M.*, 225-226）

2．次は、同じ一九〇三年の『形而上学入門』の冒頭であるが、人を内から理解しようとする時に触れる「行動や身振りや言葉が、いわば泉から流れ出るように、自然に流れで来るように私には思われるだろう」という様相は、意識の《躍動》の様相であろう。

もう一つの例として、かずかずのアバンチュールを演じてみせる小説上の人物を考えてみよう。小説家は、好きなだけ、主人公に話させ、行動させることができるだろうが、それでも、私がこの人物自身と一瞬間でも一致することがあれば体験するに違いない単純で不可分な感情にはおよばないであろう。その際、行動や身振りや言葉がいわば泉から流れ出るように、自然に流れ来るように

私には思えるだろう。(*P.M.*, 178-179)

3．次には『知的努力』に目がとまる。初出は一九〇二年の『哲学雑誌』であり、『創造的進化』から五年遡ることになる。この論考では、様々な知的努力の様相を分析するが、その典型例として文章の暗記が考察される。

おのおのの言葉の中で、暗示的な単語に注意し、そのすべての単語をつないで観念の論理的な鎖を作る。(中略) ここでは多数のイマージュが唯一の単純な分けられない表象に凝結するようだ。この表象を自分の記憶に委ねる。そこで、思い出す時が来ると、ピラミッドの頂上から底面におりてくる。すべてが唯一の表象に集められていた高いところから、だんだん高くない平面、だんだん感覚に近くなる平面に移っていく。(中略) 今は、多数のイマージュに展開しうる単純な表象に適当な名前をつけることだけしたい。すなわち、ギリシャ語を暗示してこれを動的図式 (schéma dynamique) と呼ぶことにする。この名前は、この表象がイマージュそのものよりも、イマージュを再生するためになすことの指示を含んでいることを意味する。(中略) これらの例において、記憶の努力の本質は、単純ではなくとも集中された図式を、多少とも違いに独立したはっきりした要素に展開することであるように見える (*E.S.*, 160-166 強調筆者)

哲学者によって捉えられた《知的努力》のこのような様相は、精神の集中した《動的図式》から感覚的な多数の《イマージュ》への分岐であって、「ピラミッドの頂点から底面へ」という表現が端的に示しているように、《躍動》の媒介的イマージュに通底していると思われる。

実は、この『知的努力』の論文は、『哲学雑誌』に一九〇二年に発表されてから、一九一九年に『精神エネルギー』に収められる際にかなり手がいれられている。『哲学雑誌』掲載の元の原稿は、『雑編』の一九〇二年分に収められている。それを比べてみると、努力が動的図式からイマージュへの過程にあること、そして、「ピラミッドの頂点から底面へ」の表現もそのまま見出され、本質的にはそれほど変化はないと思われる。唯一、重要な変化が結論部分にある。一九〇二年、まだ『創造的進化』の媒介的イマージュ《躍動》を明確に意識していなかったのであろうベルクソンは、次のような結論に止めている。

われわれの目的は、単に知的努力を図式とイマージュの間の作用に還元することは、内的観察にもっとも合致し、心理学的説明として最も単純であると示すことであった。(*Mélanges*, 550)

しかし、一九一九年に『精神エネルギー』に採録された時には、以下のように大幅に改められている。

図式からイマージュへの作用は、生命の作用そのものであって、現実化の進んでいないものから、一層現実化したものへだんだん移行するところに成り立っている。わたしたちはそれを分析することによって、極めて抽象的な例、したがってまた極めて単純な例について、非物質的なものをしだいに物質化する動き、すなわち生命的なはたらきの特徴をなす動きに、できるかぎり近く迫ってみたのである。(*E.S.*, 190)

著者のベルクソン自身が、一九〇七年の『創造的進化』で、《超・意識》あるいは《意識一般》と呼ぶ生命の進化の様相を《躍動》として捉えることによって、初めて、五年前に《知的努力》と名付けた、意識の具体化への努力の様相が、根本的に生命と通底する《躍動》であることに気がついたのであろう。しかし、逆に、この小論そのものが、生命における《躍動》の概念の霊感を与えた可能性も否定できない。

4. 高等師範学校一年次の小論文

最後に、非常に早い時期の注目すべき事例を見よう。問題のテクストは、ベルクソンが高等師範学校に入学した一年目の一八七八年、一九歳の時に書いた小論文の中に見出されるものである。この小論文はジャン・ギットンの『ベルクソンの天職』(*La vocation de Bergson*)[35]の巻末の、ジャンヌ・ベルクソン嬢の好意により掲載を許された二編の小論文のうちの一篇であるが、残念ながら、一九七二年に出版された『雑編』には収められていない。この小論文のテーマは、「洞察力の最大の欠点は、目標にまで達しないことではなく、目標を通り越してしまうことである」というラ・ロシュフーコー[36]の箴言である。この小論文で問題となるのは、次の箇所である。

ほとんど求めずして一遍で見てとる人たちもいる。ひとつの言葉、一つの動作が手がかりを与えて彼らは歩みを進め到着するのである。(中略)われわれの精神は、一瞬、自分の探している真実と交わり、そして、その高みから、そこまで続いている諸々の道を見晴らすのである。[37]

ひとたび自分の探している真実である人間そのものと交わると、「その高みから」、「ひとつの言葉、ひとつの動作」へと分岐=現実化した様を「見晴らす」ことができるという。ここに運動は存在しないが、意識の《躍動》の分岐=現実化の静止模型のようなものが見られる。まだ自身の哲学を形成してもいない高等師範学校一年生のベルクソンが、既に、このように《躍動》の素描をしていることに注目させられるし、感動的でもある。また、この小論は2の論の設定と非常に似ており、2の論を書きながら、もしかしたら、四四歳の哲学者は、自身の高等師範学校での小論文を眼にしていたのかもしれない。

さて、時期を遡って、哲学者に《影》のようにつきまとってきた《先行的》媒介的イマージュとしての《躍動》の存在を確認したが、ちなみにこれらは全て、生命においてではなく、意識における《躍動》である。それにしても、われわれは、なぜ、この《意識の躍動》にこだわるのか？ここまで来たら、分析は後にまわして、少し先走って言ってしまおう。実は、われわれの見るところ、ペギーの『われらの青春』は、ドレフュス主義者の精神共同体における壮大な《意識の躍動》を描き切った著作に他ならないのである。師ベルクソンは、一九一〇年、すなわち『創造的進化』刊行から三年後に、弟子ペギーのこの書を読んだとき、《意識の躍動》という自己の「もっとも内奥の思想」が、ペギーの生きたドレフュス主義運動の展開のうちに生き生きと語られるのを読んで、内心、「これは、出来たら、自分が書きたかった本だ」と思ったのではないだろうか。また、『創造的進化』の中心は、なんといっても《生命の躍動》であって、十分に展開させることのなかった《意識の躍動》のテーマが、ペギーのこの書を貫き、十二分に描かれているのを見て、この側面では、弟子に先駆けられたという感を内心持ったのではないだろうか。「彼は私がまだ表現していなかったけれども、出来たら表現したかった最も内奥の思想を知っていたのです」とは、師のそのような感慨を表す言葉だったのではないだろうか？

それでは、師の件の言葉の対象としてのもう一つの候補の『ベルクソン氏とベルクソン哲学についての覚書』についてはどうだろうか。最後にその問題を考えておこう。実は、この書が件の言葉の対象に該当しないことを説明するのは、いたって簡単なことなのである。

同じ言葉を繰り返しながら、組合せる言葉を次々変えてゆく、ペギー独特の連祷（リタニー）のような文体で、ベルクソンの「偉大な哲学」について述べている文章の中で、ペギーは、「偉大な哲学とは、何の反論もできない哲学ではなく、何かを言った哲学なのである」（*Pr.III*, 1264　強調筆者）と述べているが、このベルクソン論は、そのベルクソンが「言ったこと」をペギー流にまとめた論なのである。だから、哲学者がそれを読んで「できたら自分が書きたかった」と思うはずのないものなのである。

そのようなものとして魅力的なこの論の中核的な内容を一応見ておこう。

普遍的知性主義、すなわち常にすっかり出来上がったもの（tout fait）を用いる所に成立する普遍的怠惰に対するこのような告発は、ベルクソン哲学の偉大な征服であり、偉大な回復（instauratio magna）であった。非常に多数の人間が、すっかり出来上がった観念によって考えているというのは真実である。また同様に、至るところで、膨大な多数の人間が、すっかり出来上がった見方によって見ているのも真実である。（中略）また、普遍的な、いわば疲れを知らぬ怠慢が存在する。働いてこそ疲れるのであるが、怠慢は、疲れているといっても疲れていないのである。このような怠慢の、このような疲労の、このような常なる知性主義の告発こそが、ベルクソンの創出した思想の端緒をなすものである。（*Pr.III*, 1253　強調ペギー）

人間がある種の傾斜を下りるのを妨げること、それは巨人の仕事ではないか？（*Pr.III*, 1253）

ベルクソンは、デカルトが良いデカルト主義者であった以上に、限りなく良いベルクソン主義者であったことを示すのは容易だろう。（中略）『方法序説』は、嗚呼、ほとんど選挙綱領のようなものだ。（*Pr.III*, 1257）

この『覚書』は、ペギーの内なる〈ベルクソン哲学の泉〉から、意のままに汲み出し、右のように、ベルクソンとの比較でデカルトの『方法序説』を「選挙綱領のようなもの」と批判するような、自由闊達な文章で書かれ、リヴィエールに「雷の一撃」を与えるような魅力的な一編になっている。ちなみに、このペギーの論の核をなす「出来つつあるもの」(se faisant) と「すっかり出来あがったもの」(tout fait) の対照表現もベルクソンの『試論』や『形而上学入門』などで馴染みのものである。また、二番目の文章は、『形而上学入門』の後半のまとめの7）の「哲学することは、思考の働きの習慣的な方向を逆転することである」(*P.M.*, 214) の適用例となっている。

第三節　弟子が師に先駆けるとき

『われらの青春』――その1・《躍動》の媒介的イマージュを中心に[41][42]

ベルクソンは、一九三九年一月二五日ソルボンヌ通り八番地の旧・『半月手帖』、の店に記念板を掲げる際の記念式典のために、ダニエル・アレヴィーあての手紙という形でスピーチに代わるものとした。この手紙については、後でも触れることになるが、ペギーの思想については、次のように語っている。

全ての《神秘》は《政治》に堕落する危険に迫られている、というのが、ペギーにおける主要な思想であったと私には思われます。(*Et.berg*.V/*III*, 59)

この言葉によって、『われらの青春』が師ベルクソンを感動させたその核心は、この作品のあまりにも有名な命題「全ては《神秘》に始まり《政治》に終わる」(*Pr.III*, 20) に他ならないことが確認される。ペギーの書の内容を貫徹しているこの命題のうち、注41に掲げた⑥の磯見辰典訳に倣って《神秘》と訳した《la mystique》について、ペギーは一度の定義もしないうちに、冒頭の件の命題のうちに登場させ、そのまま最後まで行く。最後まで行くうちに実質が理解されてくる、という成り行きのものであるが、やはり一応、フランス語としての基本的意味を検討することから始めるべきだろう。《la mystique》の意味は、プチ・ロベールによれば、1) 神秘主義の実践、および、それによって得られる直観・知識　2) (比喩的に) 最高の価値を認めるものに対する絶対的確信、とあり、この場合は一応2) に当たることがわかる。しかし、それでは訳語にならない。渡辺一民氏も「ミスチック」のままで、訳していない。そこで、本論では、宗教性に近い精神性を含蓄しつつも意味を限定し過ぎない語として磯見氏訳の「神秘」を採ることにする。ペギーの文を読んでいけば、自然に、内包する意味は分かって来るものでもあるから。

それに、友人に尋ねられてペギー自身がこの語の選択についてしたという説明というのが、エマニュエル・ムーニエが二六歳のときに書いて、アカデミー・フランセーズのパウル・フラ賞を獲得した『シャルル・ペギーの思想』のなかに紹介されており、それが、いきなり鮮明に実質を教えてくれる。

それは、魂の生きた力の集合の中心をなすものだ。(中略) 私がこの「ミスチック」の語を選んだのは、徒らな雄弁を招くだけでなく、霊的なものだけが実在的であることを忘れさせてしまう《理想》

という語に対する深い嫌悪感からなのだ。[43]

「魂の生きた力の集合の中心」、これで、《神秘》の意味はこの上なく明らかになるが、さらに、『われらの青春』を通じて、ペギー自身が《神秘》についてどのように言い換えているかを追うことにしよう。

共和制の歴史を振り返ったとき、一八四八年の二月革命周辺の出来事について、ペギーは、次のように述べる。「一八四八年は、（中略）共和制的《神秘》の爆発（explosion）だった。六月の日々そのものが、共和的《神秘》の爆発であり、繰り返しの爆発だった。三月一八日は二度目の反逆、共和制の《神秘》の二度目の爆発だ。」(*Pr.III*, 26)　共和国の《神秘》は、革命的状況の時には「爆発」するものであることがわかる。

次の文章は、後で《神秘》と《政治》について考察する時に全体をじっくり検討し直すつもりのものであるが、さし当たって、《神秘》の性質を確認するための引用をする。「一連の行動は、《神秘》の中で始まり、押し出され、湧出し（jailli）、そこに源泉と原点を持つものである。」(*Pr.III*, 28) この文から、《神秘》は、行動が湧出する源泉であることがわかる。

ペギーはドレフュス主義の《神秘》が、ユダヤ、キリスト教、フランス的《神秘》を包含するとして、その各々の《神秘》との関連でも語っているので、その点も見てみよう。まず、ユダヤの《神秘》との関連で。「ドレフュス事件をユダヤの《神秘》の働き、産物、爆発（explosion）として見なければいけない。」(*Pr. III*, 50)　次にキリスト教の《神秘》との関連で。「われわれのドレフュス主義は、ひとつの宗教であった。ひとつの宗教的推力（poussée religieuse）であり、一つの宗教的熱狂であった。われわれが青春の全時代を通じて完全に身をささげていた『正義』と『真理』はけっして概念的なものではなく、（中略）有機的なもの、キリスト教的なものであった。危機のなか、われわれを駆り立てた一切の感情の中心には、ひとつの徳があった。それは愛徳 (charité) であった。」(*Pr.III*, 84)

つまり、ドレフュス主義の《神秘》は、われわれにとって、本質的にあのフランス的《神秘》の危機であったのだ。われわれは、そこで様々な徳を、フランス的徳を、適切に発揮した。毅然たる勇敢さ、敏速さ、陽気な心、粘り強さ、堅実さ、一徹な勇気。陽気な悲しさ (tristesse gaie) (*Pr.III*, 84-85)

ペギーが『われらの青春』で語るドレフュス主義者にとっての《神秘》を、以上の説明全体によって、まとめよう。

《神秘》とは、魂の生きた力の集合の中心をなすものであり、それを源泉として、宗教的推力によって一連の行動が湧出し、時に激しく爆発するものである。ドレフュス主義運動におけるそのような《神秘》は、共和制の《神秘》の最後のものであると同時に、ユダヤ的、キリスト教的《神秘》と重なっており、その中心には、概念的ではない生きた愛徳 (charité) が存在していた。

このように《神秘》の全体像をとらえると、おのずから、ここにあるのは、思想的運動の媒介的イマージュとしての《躍動》であることが判明する。師ベルクソンは、弟子ペギーが描くドレフュス主義運動の様相のなかに、思いがけなく、自分自身の最も内奥の思想《躍動》に他ならないものを見出して驚くと同時に、これは、できたら本当は自分自身が書きたかったものだ、と、本論の冒頭で紹介した言葉通りの思いをしたのであろう。それに師は、今まで取り組んだことのない《社会》の領域で、弟子の研究が先駆けとなったことをはっきり感じたことであろう。前に引用したように、一九〇七年に教え子のジルベール・メールにドレフュス事件についての意見を聞かれた時点では、「再審を獲得するために騒動を起こすやり方は、私が常に批判していたところです」[44]と切り捨てていたベルクソンは、ペギーのこの『手帳』を読んで、一挙にドレフュス主義運動を内から理解したことであろう。それで、「あなたの書いたもので、これほど良いものも、これほど感動的なものもありません」としか言葉が出てこなかったのであろう。

ところで、ペギー自身は、この『手帳』を書きながら、師の最も内奥の思想と一体になっていることを、どれくらい意識していたであろうか？

《躍動》の媒介的イマージュは、なんといっても、『創造的進化』の《生命の躍動》を通じて一挙に知られたものであるから、ペギーが《意識の躍動》をどの程度意識していたかの問題は、ペギーがどの程度『創造的進化』を消化し、評価していたかの問題と一つのものである。ところが、ここに、いささか微妙な問題がある。

一九〇五年頃から一九〇八年頃まで、親しい友人たちに、幼少期の信仰の回帰を告げていたペギーは、ベルクソンの次の著作に精神的、宗教的な要素を強く期待していたらしい。それで、神については、五行しか書かれていない新著に、まずは、いささかの幻滅の意を周囲に表明していた。[45]また、『創造的進化』

以後にペギーが公表した著作には、同書に言及するものが一切なかったので、ペギーは、この著書を全面的に否定していた、と受け止められる傾向があった。しかし、ベルクソンとペギーの研究者、アンドレ・ロビネは、非常にはっきりと、次のように反論する。

『創造的進化』の読書は、ペギーの最終期の作品における持続の概念の拡がりと適用に注目すべき影響を与えた。(中略)ペギーの著作に《世界の持続》(la durée du monde)という表現が見出されるのは、『創造的進化』以後であり、ペギーの打ち明けたところによると、この概念は、直接的にベルクソンから由来したものだそうである。[46]

ロビネが指摘するこの点についてのペギーの例文に当たるもので、われわれの見出したものを一つだけ挙げよう。

あなたの心理生活は常に同じ速度で過ぎるものではありません。あなたが四〇歳を過ぎるや、ずっと速くなります。そして幼年期は逆に一〇倍の長さになります。そのような点についてベルクソン氏がすぐれた教えを与えました。あなたの記憶を覗き込んで、それを通じて民族の記憶をよくご覧なさい。あなたは民族の持続、世界の持続があるのではないかと考えることになるでしょう。なぜなら、生命も民族の出来事も、同じ速度、同じリズムで起こるものではないからです。(*Pr.III*, 1204-

1205強調ペギー『クリオ・歴史と異教的魂の対話』)

ペギーが『創造的進化』に著わされた哲学を真剣に消化したということを知ると、『われらの青春』の描く、思想的運動における《躍動》の媒介的イマージュは、やはり、弟子ペギーが師の内奥の思想である《躍動》の哲学的直観を《意識における躍動》までを含めて包括的に消化した結果だといえるだろう。そして、また、それが、あの「人間の魂まで見抜く素晴らしい才能」という師ベルクソンの感嘆によって表現されていたことであろう。

最後に、いままでのベルクソン研究者たちは、『われらの青春』に対するベルクソンの影響をどのように捉えてきたかを、代表的な三つの研究にそって見てみよう。

最も古いムーニェの一九三二年の『シャルル・ペギーの思想』。[47] ムーニェは、師の弟子への影響をあの「全ては《神秘》に始まり、《政治》に終わる」のうちに見ており、それは、三人に共通である。(そして、われわれにも共通のものである。ただ、この命題が、ベルクソン哲学のどの様相と重なるか、についての考え方が三人とわれわれでは、異なる。)

ムーニェは、この命題を、霊的生命の《出来つつある》(se faisant)持続が、《すっかり出来上がった》(tout fait)持続の《硬化》、《重さ》にからみ取られて死に絶えるところに見ている。(Cf., 43)

次に古いロメオ・アルブールの一九五五年の『アンリ・ベルクソンとフランス文学』[48]。アルブールの解釈もムーニェに似て、「ペギーが共和国の神秘から共和国の政治への堕落を断罪するのは、持続の名においてである。裏切るとは老いること、自分を委ねてしまうこと、自分を放棄すること、順応すること、自由から自動運動へ通り過ぎてしまうことである。」[49]

最も新しい二〇一七年のカミーユ・リキエ『ペギーの哲学あるいは、馬鹿者の回顧録』の解釈も今までの二つと似たもので、「彼にとって重要な、神秘から政治への堕落の原理そのものは、疲労、習慣による消耗にある」[50]

こうして見てくると、ペギーの件の命題に対するわれわれの《躍動》の媒介的イマージュによる解釈は、研究史上、新しいものと言えるであろう。

ところで、《神秘》を《躍動》のうちに受け取るためには、一つの障害があったのだと思われる。つまり、《躍動》の媒介的イマージュそのものは、『創造的進化』にも『知的努力』にも適用されたものではあるが、《生命の躍動》の概念があまりにも有名になったので、進化論以外への適用は誤りではないか、という懸念に、歩を進めることを阻まれてきたのではないだろうか?というのは、上に引用したような結論を出しながらも、ムーニェは思わず《神秘的躍動》(l'élan mystique)[51]という言葉を使ってしまっており、リキエも、思わず《意識の豊富な躍動》(élan généreux des consciences)[52]と言う言葉を使ってしまっているのだから!

ところで、他人の揚げ足を取ったところで、われわれ自身も白状しよう。われわれは、ペギーの『われらの青春』、特に、「すべては《神秘》に始まり《政治》に終わる」の命題に関わる部分を読んだとき、ここにベルクソンの《躍動》の媒介的イマージュがある、と直感したのであるが、その確認のために、あえて、ベルクソンの件の言葉に沿って、一歩一歩検証してここに至ったのであるから。

『われらの青春』その2——・《行動》と《政治》

『われらの青春』には、ドレフュス主義者の行動における《神秘》と《政治》の関係の見取り図が次のように提示されている。

> 行動においてわれわれが犯しうる全ての過ちは、《神秘》のうちに始まった一連の行動を、不当に、政治的行動へ、政治へ、と延長させるところから来る。一連の行動は、《神秘》のうちに始まり、促進され、《神秘》のうちに源泉と起点を持ったものであった。このような行動は良く系統だっているだけではなく、果たされるべきものであった。ところが、生活はその自らの軌道を進み始める。（中略）生活は進み、行動は進む。（中略）前からの同じ習慣、それで、あの識別点（point de discernement）を超えてしまったことに気がつかない。（中略）既に習慣がついているので、われわれはそこに何も見ない。注意さえしない。しかし、正当だったものが、同じ行動が、この識別点を超えると不当なものになる。（中略）《政治》が神秘を貪り、われわれは、識別点の上を通っても飛び上がったりしなくなる。
>
> 本当に稀に、心ある人間が《神秘》に忠実であろうとして、現状の政治的駆け引きに加わるのを断るとき、（中略）政治屋たちは、彼を、今日しばしば使われる短い言葉で呼ぶのが常である。彼らは、

嬉々として、われわれを《裏切り者》と呼ぶであろう。（*Pr.III*, 28-29）

ここにはペギー自身による、知識人のドレフュス主義者の辿る人生の縮図がある。この縮図と、ペギー自身の一八九八年（ゾラの「私は告発する！」の年）から『われらの青春』が書かれた一九一〇年までを重ねて考えていこう。

上の文の「《神秘》のうちに正当に始まった行動」とは、まさに、ドレフュス主義の思想的共同体の《躍動》から湧出した行動であり、それは具体的には、署名活動であり、デモであり、論説の執筆であり、民衆大学での講義であり、多様なものであるが、それは、《真理》と《正義》をモットーとした《ドレフュス主義》という筋が通った行動である。

もともと『われらの青春』は、『半月手帖』の前々号、一九一〇年の四月号に友人のドレフュス主義者ダニエル・アレヴィーが、『我々の過去への弁明』を発表した時に、真のドレフュス主義者として生き切った、《弁明》することは何もない、という自負の念を持つペギーが、その自身の経験の本質を描き切った傑作である。

じっさい、「われわれは英雄であった」と記すその言葉がなんの懸念もなく受け取れるほど、ドレフュス主義者としてのペギーの活動は、論壇においても、街頭においても、輝かしいもので、ペギーを動かしていた《神秘》がいかに力強いものであったかが実感される。

まず、「私は告発する！」のゾラの記事が『オーロール』紙に掲載されると、ペギーは、その日のうちにゾラを訪ね、そこに結集した人々と共に『知識人宣言』に署名する。高等師範学校生であったペギーは、同校の図書館司書であったエルネスト・エールのもとに結集した同校在校生と出身者の「知識人党」と呼ばれたグループの《徴兵軍曹》となり、また、学生結婚したペギーが妻の持参金で買ったジョルジュ・ベレ書店は、知識人党の活動の拠点となった。また、ゾラの「私は告発する！」の六日後に社会主義党派の全代議士三二名による「プロレタリアへの宣言」が『小共和国』紙に掲載され、「プロレタリアよ、このブルジョアたちの党派のいかなるものにもまきこまれてはならない。（中略）抑圧され搾取されている者にとって、ユダヤの資本家がキリスト教資本家に代わったとて何の得るところがあろうか?」（*Pr.I*, 1555）と、階級闘争の教条主義に凝り固まった代議士たちが《否！》をつきつけてきたのに対しては、四日後の『オーロール』紙に掲載の「エミール・ゾラへの手紙」にペギーは書く。

九八年一月二一日金曜日

先生

自称社会主義者の何人かの代議士たちが、真直ぐ歩くことを拒否しましたので、われわれ社会主義者たちは、彼らから社会主義の理想を救い出したいと思います。

社会主義者たちは、背けば名誉失墜の覚悟で、実現すべき全ての正義のために歩まねばなりません。実現される正義が誰の役に立つかなど考えるべきではありません。なぜなら、社会主義者は利害を離れた者であるはずであり、そうでなければ存在しないも同然だからです。それに、現在の正義を、過去の不正によって拒否すべきではありません。なぜなら、それこそ復讐であり、仕返しであり、正義ではないからです。(*Pr.I*, 45)

まさに、《神秘》の源泉から直接流れ出た文章である。

「プロレタリアへの宣言」の起草者の一人であったジャン・ジョレスは、青年ペギーのこの反応に非常に感じるところがあり、『ランタン』紙に「あの青年たちに対して、私は、躊躇と鈍重さに対して赦しを乞いたいほどである」(*Pr.I*, *LV*)と書き、以後、ドレフュス主義運動を支える立場に立ち、論客として『証拠』その他の文書を表すことになる。

また、フランス全体がドレフュス派と反ドレフュス派に真二つに割れた状態は、国家が両側のクーデターに倒れる危険性をもたらし、一八九九年二月二三日、急死した大統領フェリックス・フォールの葬送の機会に愛国者同盟総裁デルレードによるクーデターの噂があった際には、ペギーはエールの「軍曹」としてパストレル通りのワイン商店の裏に陣取り、葬送の順路の重要経路に配置した警戒者たちからの報告を収集して警戒に当たった。同じ一八九九年の六月一一日、今度はロンシャン競馬場の大賞レースの機会に大統領ルーベを右翼から守るため、社会主義共同委員会が、右翼に対抗する示威運動として各人が赤いバラを付けて結集することを要望した際には、ペギーは高等師範学校関係の代表として組織化に尽力した。

さて、ドレフュス主義運動全体の変遷について、『われらの青春』にペギーは書く。

私が『ドレフュス事件の歴史』を書く場合には、（中略）《ドレフュス無罪に対する民衆の信用度曲線》と呼ぶべきものを非常に注意深く検証する必要が生じるだろう。それは一八九四年（注：ドレフュス大尉逮捕の年）にほぼ0から出発して、（中略）すくなくとも国全体が（われわれの敵対者たちと、その指導者たちさえも）ドレフュスの無罪を信じた四八時間が二、三回あった。（中略）特に、モン・ヴァレリアン要塞でのアンリ少佐の芝居じみた出来事（＝偽書作成の告白）の直後の電撃的事件（死、あるいは偽装死、暗殺、殺人、自殺あるいは偽装自殺）（*Pr. I*, 86-88 強調ペギー）

ペギーが「特に」と挙げている四八時間とは、一八九八年八月一三日―一四日であって、世論は一挙にドレフュス無罪にかたむき、リュシー・ドレフュスは、一八九四年の訴訟の再審請願を政府に提出し、政府は、これを審議するために直ちに諮問委員会を招集した。そして、翌年の一八九九年六月三日には、再審要求を受けた廃棄院が、ドレフュス有罪の判決を廃棄し、決定的判決は軍法会議にゆだねられることになった。

そして、ペギーは、九月一五日付けの『ラ・ルヴュ・ブランシュ』に、「まさかありえない事だが（par impossible）軍法会議で再びドレフュスが有罪になったとして」と書いているのだが、（ペギーは、この原稿を九月九日のレンヌにおける軍法会議よりも前に書いたことがわかる）、その「ありえないこと」が起り、ドレフュスは、一〇年の禁固に軽減されたものの、再び有罪になった。そして、それでは収まらない世論に対して、後を追って、九月一九日に大統領による特赦、というせわしない展開になった。全ての人が一様に感じたのは、事件の本当の終わりではなく、何か騙されたような、非常に後味の悪いものだった。

これ以降の時期に起こった政治的諸悪の根源に、ペギーはジョレスを見る。それは、ドレフュス主義の青年ペギーの《神秘》の呼びかけに応じた「初期のジョレス」(Jaures antérieur)ではなく、一九〇五年のフランス社会党の結成と第二インターナショナルへの参加を率いた、より現実主義的な大物政治家ジョレスであった。ジョレスの政治がもたらした第一の悪についてペギーは『われらの青春』に次のように書く。

当時(一九〇三年初頭)、われわれの間でドレフュス事件を「再開し」(recommencer)「やり直す」ことが話題になっていた。ドレフュス事件そのものと二番目のドレフュス事件(=一九〇三年四月、ジョレスがドレフュスの名誉回復について議会で質問したことに始まり、同年一一月再審請願書を提出し、一九〇六年六月に廃棄院がレンヌの軍法会議の判決を破棄し、ドレフュスの無罪を宣言した件)との間に平坦で平和な、沈黙の、完全な孤独の長い時間があった。この時間の間じゅう、事件が再開するのかどうか全くわからなかった。(中略)しかし、われわれは、それまで通り、国に対して歴史にたいして純粋でありつづけた。この大事件、この初めての歴史的大事件に息を切らせ、闘争に汗を流し、湧き返ったわれわれは、休息、落ち着き、平坦さ、偽物の平和、怪しい休息、無為、欺かれた者の平和に非常に戸惑い、われわれの希望し、期待し、見込んだ地上的結果のいずれにも達せず、獲得しえなかったこと、地上の正義の王国も、真理の王国も建設できなかったことを憂い、特に、われわれわれの《神秘》が逃げてゆくのを心配して、われわれは心中の秘密として事件の再開を、共謀者たちの間でのように《再開》(reprise)と呼んでいた。嗚呼！この再開こそが、最も低劣な堕落、全面的な逸脱、《神秘》から《政治》への卑しい逸脱になるとは予見していなかったのである。私は彼（＝ドレフュス家の依頼によって『裁判の誤り』の書によって、初めてドレフュス事件を世間に知らしめた人物、ベルナール・ラザール）に尋ねた。「しかし、ともかく彼らはどうしようとしているのだろう。それじゃ彼らはあなたに相談しなかったのですね。」彼は静かに答えた。「彼らはジョレスに相談するほうを選んだのですよ。彼らは、僕抜きで事を進めることにとても満足しているのです。」(Pr.III, 83 強調ペギー)

あのレンヌの裁判でまさかの有罪となり、数日後に今度は大統領の恩赦となったとき、それは、誰にとっても事件の本当の終わりではなかった。このままではいけない、本当の終わりを実現しなければいけないという思いにペギーたちが囚われていた正にその時に事は起こったのだ。

どうやって、われわれは、あの《頂点》から落ちたのか、再降下したのか？（中略）それは政治そのもののの秘密だ。（中略）それはドレフュス自身の秘密だ。われわれのもとを去り、全身を政治屋の手のうちに委ねた限りにおいて、全面的に彼の秘密である。（中略）それは、政治屋たちの秘密である。勝ち戦がなぜ負け戦になるのか？それはジョレスに聞き給え。(Pr. III, 88 強調ペギー)

ドレフュス主義者たちが、事件に《真に良き終わり》を与え直すにはどうしたら良いかを暗中模索している間に、ドレフュス自身がジョレスという有力な政治家に働きかけることを選び、ジョレスのほうは、ドレフュス主義者たちに相談することもなく、まるで、単なる政治的一案件を片付けるように片付けてしまったのだ。

ジョレスによってもたらされた第二の悪、それは、政教分離政策を通すために、故意に、ドレフュス主義をそれに結合させた、ということである。

他方、信仰については、選挙に関する最も低劣な利益に動かされ、衆愚政治と急進主義の騒動に対する非常に卑怯な、非常に低劣なおもねりによって、彼は、ドレフュス事件とドレフュス主義が全体を総合する要素として、衆愚政治のなかに、反教権的・反カトリック的、反キリスト教的急進派の騒動のなかに、教会と国家の分離のなかに、ヴァルデック主義の修道会法のなかに、法の特別適応のなかに、この法のコンブによる適用のなかに、浸透していると主張し、そのように事を仕立てたのだ。そのようにして彼は、ドレフュス主義運動が反キリスト教運動であったという政治的幻想を創りだした。彼は、われわれを裏切っただけではない、われわれの軌道を逸らせただけではなく、われわれの名誉を損なったのだ。全ての悪がそこから派生する。コンブ主義、コンブの体系、コンブの専制主義、などの諸悪がジョレスの発明であったことを決して忘れてはならない。忌むべき政治力によって、雄弁術によって、議会での権力によって、この発明を、この専制を周囲に押し付けていること、此の支配を彼だけが維持し、維持してきたこと、三年の間、四年もの間にもわたって彼は、コンブ氏の名のもとに、共和国の真の主人であったのだ。（*Pr.III*, 89-90 強調筆者）

ペギーは自身、『われらの青春』の他の箇所で、ドレフュス事件の際に教会が反対の立場に立ったことを、大きな過ちとして非常に厳しく批判している。しかし、ジョレスが政治の道具として、ドレフュス事件と政教分離を意識的に組合せ、コンブの暴政を保護し、修道会に対する一九〇一年の国の約束を平然と破ったことに憤慨しているのである。ここで、本節冒頭に引用したドレフュス主義者の取るべき《行動》についての文の後半を再び考え合わそう。

ところが生活は、その自らの軌道を歩み始める。（中略）それで、あの識別点（point de discernement）を越えてしまったことに気がつかない。（中略）しかし、正当だった同じ行動が、この識別点を超えると不当なものになる。（中略）《政治》が神秘を貪り、われわれは識別点の上を通っても飛び上がったりしなくなる。本当に稀に、心ある人間が《神秘》に忠実であろうとして、現状の政治的駆け引きに加わるのを断る時、（中略）政治屋たちは、彼を、今日しばしば使われる短い言葉で呼ぶのが常である。嬉々として彼らはわれわれを《裏切り者》と呼ぶであろう。（*PL.III*, 28-29 強調ペギー）

ここに描かれているドレフュス主義者の人生縮図における、そこを越えると《政治》が《神秘》を貪るようになるがゆえに、政治の軌道から飛び下りるべき《識別点》は、ペギー自身にとって、正確に、いつだったであろうか？　それは、一八九九年の一二月三日─八日、パリのジャピー体育館で開かれた第一回フランス社会主義組織一般会議から出てきた時であったと思われる。国がドレフュス派と反ドレフュス派に二分されている状況からも社会主義党派の統合の要望が強まり、この会議で一応統一党の形をとったのである。しかし、ドレフュス主義者が求めているのは、《真理》と《正義》であり、また、《人権》が問題となる普遍主義であるのに対して、社会主義党派は階級闘争の教条主義であり、《人権》は問題になりえなかったところに、両者の根本的に相容れない点があった。ペギーはこの時のことを二年後に次のように書くことになる。

一八九九年の一二月、パリの会議、最初の国民会議から、新党の名のもとに押しつけられた虚偽と新たな不正に嫌気がさして出てきたとき、自然な反発の勢いで、私の仲間たちが感じ、言い、考え、望み、信じ、知っていることを定期刊行物で発表しようという決心が生まれた。それは、特別に大胆な考えであった。新旧の全勢力が私の身にかかってくることになるし、一銭も持っていなかったし、疲れ果てていたし、自分が書けるか、何を書けるかも分からなかったからである。(*Pr.I*, 667)

ペギーは、早速、ジョルジュ・ベレ書店の後身で、現在、エール等に運営を委託している「新会社」(Société

nouvelle）を訪ねて、新たな定期刊行物の発行の可能性について打診した。しかし、ドレフュス主義者としての昨日の友人たちが、全く別人のように見えた、とペギーは語る。エールが仕上げの言葉を言った。

「今までは、運営委員会の同意のもと、われわれにとって不愉快な君の行跡を、友情をもって追ってきました。しかし、これで、お終いです。君は、われわれが数年前から準備してきたことに逆行しようとしています。君はアナーキストです。正にそうです。私たちは、全力をもって君に反対してゆきます。」私は呆然として退出した。――私が『半月手帖』の創刊号を書いたのは、このような苦悩と苦痛のうちにであった。（*Pr.I*, 668-669）

『半月手帖』を拠点とするペギーの本格的活動は、ドレフュス主義運動がまさに《識別点》を越えそうになり、そこから飛び降りたところで始まったのだ。ところで、高等師範学校の仲間で、エールほど厳しい態度には出なかったものの、《識別点》を越えた後もドレフュス主義の《政治》に携わり続けている議員たちが、ペギーの目にどのように映っていたか、次の文は、卓抜なイマージュを与えてくれる。

もっと簡単に、このお偉方たちのことを話そう。しかも、もっと穏やかに。彼らの政治は、回転木馬になったのである。かれらは私たちに言う。「あなたは変わりましたね。あなたは、もう前と同じ場所にはいません。その証拠にあなたはもはや同じ木馬の前にはいません。」「失礼ですが、議

員先生、動いたのは、木馬のほうなんですよ。」(*Pr.III*, 31)

《識別点》を越えて《政治》に関わってきた旧・ドレフュス主義者議員は、いまや、回転木馬に乗っている。それは、軌道が定まっており、円環のうちに自己完結的な運動をしている。それを眺めるペギーの内には、抽象的な概念ではなく有機物である「正義」と「真実」を中心とするドレフュス主義の《神秘》=躍動が生きている。

旧・ドレフュス主義議員たちの政治が回転木馬になった、というこのイマージュは、『創造的進化』の次のような《躍動と回転運動》の文脈で読むとき、非常に大きな意味合いを帯びてきて戦慄を覚えさせる。

忘れてはならないが、有機体を貫いて進化する力は一つの限られた力である。この力は、つねに自己自身を乗り越えようとしながら、しかもつねに自分が生みだそうとする作品に対して力不足なものとして留まる。(中略)生命の進化においては働きと成果のあいだの不均衡は著しいものがある。(中略)有機界は下等なものから高等なものに至るまで、つねにただ一つの大きな努力に貫かれている。(中略)この努力が最も完全な作品を作り上げ、外界の抵抗にも自分自身の抵抗にも打ち勝ったように見える時でさえ、この努力は物質性のなすがままに身を委ねなければならなかった。このことは、われわれの一人一人が自分自身のうちに経験できることである。われわれの自由は、それが自己を肯定する時の運動そのもののうちに、いろいろな習慣を作り出すが、もし自由が不断の努力によって自己を新たにするのでないならば、自由はそれらの習慣によって窒息させられてしまうであろう。自動作用が自由を窺っている。どんなに生き生きとした思想も、文章にされると凍ってしまう。言葉は観念を裏切る。文字は霊を殺す。われわれの燃えるような情熱も、行動となって外面化すると、往々にしておのずから利害あるいは虚栄の冷たい打算となって凝固し、一方はあまりに容易に他方の形をとる。(中略)それらの不協和音の深い原因はいやしがたいリズムの差異にひそんでいる。進化一般は、できることなら直線的に進みたいのであろうが、個々の特殊な進化は円環的な過程である。一陣の疾風にまきあげられた塵芥の渦のように、生物たちは、生命の大きな息吹に煽られて、くるくる回転する。(*E.C.*, 127-129)

この文は、生命と意識における《躍動》の限界を追求してきて、最後は、回転運動のうちの《種》の誕生を告げて終わっている。ドレフュス主義の《神秘》=《躍動》を一直線に進もうとするペギーに対して、議員となったドレフュス主義者たちは、旧・ドレフュス主義者議員という新しい《種》として、自己目的的な回転運動の政治活動をしてゆくのであろう。いずれにせよ、師は、旧・ドレフュス主義者の議員についてのこの《回転木馬》の比喩を読んだとき、微笑したに違いない。

『われらの青春』の不滅の価値は、この書物のうちに、ペギーが『半月手帖』の購読者たちを中心とする人々と共にしていたドレフュス主義運動の《神秘》=躍動が生きており、ちょうど、フランスの作家が放った「私は告発する！」の声が五〇年後に日本の作家を動かしたように、今日のわれわれに対して働きかけ続けていることである。その意味で、過ぎ去ったひと時を思わせる『われらの青春』という題は、ひとつのパラドックスである。

第四―一節　政治家的ベルクソンの一〇年――戦争と平和

ベルクソンは、一九〇七年の『創造的進化』によって、世界的なブームを引き起こすと同時に、神を《生命の不断の湧出点》(第三章)とみなす、その神概念をめぐって《一元論ではないか？》と問いかけるド・トンケデク師との議論を始めとして多くの議論を呼び、哲学者自身がこの問題の考究のため、神秘家の系譜の研究に携わるようになった。また、宗教研究は、道徳研究と切り離すことはできず、更に、それらの研究は、それらが展開する場である社会の研究と切り離せないものであった。一九〇七年以後、哲学者は、それらの研究に携わることになった。一九一〇年のペギーの『われらの青春』は、いうなれば、哲学者が取りつき始めたばかりのそれら三つの領域に関わっており、この書は、哲学者にとって、それら未開拓の領域に投げ込まれたロケット弾のような衝撃をもたらしたであろうと思われる。

一九一四年の年頭に哲学者は、道徳と宗教という新たな領域の研究に専念するために、コレージュ・ド・フランスの講義をエドワール・ル・ロワに代講してもらうよう願い出る。しかし、同年八月に第一次大戦が勃発し、大戦中、哲学者は、フランスを代表する知性として、一九一七年と翌一八年、中立を守るアメリカに参戦を促すべく、ウイルソン《哲人大統領》のもとに政府の特使として派遣されることになる。アメリカは、戦争の当初から、ウイルソン大統領が世界の永久平和を樹立するための国際連盟の構想を打ち出しており、当時、アメリカは、大統領のもとにヨーロッパの戦争に対する中立を守っていた。今では、スーレーズの『政治家的ベルクソン』におけるフランス外務省の資料調査によって、それらの使節行の《シナリオ》は明らかになっているが、まず第一回のアメリカ使節行のそれは、当時の首相兼外相のブリアンによるもので、《永久平和のための国際連盟は望ましい、しかし、それは暴力的専制国家ドイツを徹底的に負かしてからでなくては不可能である》という意見を提示することであった。それは、実際、大統領の長い逡巡に終止符を打たせることになり、ついに議会から対独戦線布告を得るに至った。アメリカの宣戦布告のメッセージ「世界は民主主義にとって危険のないものにされねばならない」は、正に《シナリオ》の方向性を表すもので、ずっと後の一九三六年になって書かれた『私の使節行』の中で、哲学者は、「最愛の国フランスが救われたのである。(中略)これは、私の生涯でも最大の喜びであった。」と述べている。

第二の使節行は、今度はクレマンソーに依頼されてのもので、戦況が最も困難な時にあたり、使節としての目的は、戦局打開のための東部戦線の再建計画をウイルソンと則近に提案することであった。今度は大統領とも、腹心とも意見の一致は見られず、同じ『私の使節行』に、「新な使節行にはもはや、私は全然適格ではないと思われた」[53]と述べられたような情況であった。しかし、最も苦い幻滅が戦後に待っていた。

ウイルソンにとって、この戦争の目的であった国際連盟は、その決定を実行するに当たって必要な全てのものを持ちえた筈であった。（中略）不幸にして合衆国の背信とそれに続く英国の背信により、全ては損なわれ、殆ど台無しになってしまった。（中略）人類は思いもよらぬ高みまで登るかと見えた。が、未曾有の低さに落ちてしまったのである。[54]

アメリカの参戦の目的であったはずの国際連盟への参加を、他ならないアメリカ自身の上院が否決してしまったのである。

このような大きな幻滅を味わわされたものの、一九二二年一月に、国際連盟の機関として国際知的協力委員会（C.I.C.I.）がジュネーブに設立され、ベルクソンは、アインシュタイン、キュリー夫人らと共に一二人の委員の一人に選ばれ、さらに同年四月第一回の会議で、全員一致で議長に選ばれると、この責務を引き受けた。アインシュタインは、ドイツが国際連盟に参加していないにもかかわらず、個人として選出されたのであるが、やがてドイツ国内の反対が強くなり、結局辞任することになった。

この国際知的協力委員会は、第二次大戦後の国連のユネスコが教育問題を対象にするのに対して、学術問題を対象とするものであった。しかし、《国際知的協力》を目的とするこの委員会でも、国家間のナショナリズムの衝突は避けがたかった。委員会の第二会期で。親ドイツ派のイギリス代表ディキンソンが、国際連盟加入国か否かを問わず、戦災の甚だしかった国々の大学に対する援助のための基金を、すべての国、特にアメリカに対して呼びかける許可を国際連盟総会に求めるよう提案したとき、委員会は多数をもって否決した。

《人類のための事業》と謳いながらも、国際連盟そのものの中に国際主義を阻むものがあり、賢明かつ慎重な議長としてのベルクソン自身の中にも、それは現れずにはいなかった。

そのように大きな問題を孕みつつも着実な成果を収めたベルクソンの議長職は、一九二四年末のリュウマチの発病によって突然打ち切られることになる。一九二五年九月にベルクソンは健康上の理由で正式に委員会を辞任する。時にベルクソンは六六歳、一九一四年の大戦勃発から一〇年の《政治家的ベルクソン》の生活はこのようにして終った。

この《政治家的一〇年》の経験が七年後、一九三二年の哲学者の最後の大作『道徳と宗教の二源泉』にどのように反映したかについては様々な解釈があるが、われわれの考えるところ、それは、『創造的進化』の哲学者の思想を、社会の場に発展的に適用するために大きく与った、と、思われる。そして、われわれは、思いがけない箇所で、師に先駆ける弟子の姿を再び発見することになるだろう。

第四―二節　『二源泉』最終章に現れる弟子の面影

『二源泉』を執筆する哲学者の問題意識の中心にあったのは、《政治家的一〇年》以来考えずにはいられなかったであろう問題、戦争をいかにして避けられるか、いかにして戦争しない社会を形成できるか、という問題であったと思われる。自然的社会と文明社会の分析も、自然宗教と動的宗教の分析も、単にそれ自身として重要であったというより、実際に、今日の現実の社会で、それらの諸要素が戦争をめぐっていかに働くかが究極的に重要な問題であったのだと思われる。そして、そのような取り組みが正面から展開するのが、最終章「機械と神秘」である。表題は対語表現なので冠詞は省略されているが、実際の文中では、機械 (la mécanique) と神秘 (la mystique) である。この最終章のテーマの中心に、他ならないペギーの『われらの青春』の中心的思想《神秘》が取り上げられるのである。われわれが前に分析したように、この《神秘》の思想は、根本的にはベルクソンの《躍動》の哲学的直観の適用例であるが、しかしまた、思想運動に適用したところにペギー自身の思想家としての個性が刻印されているといえる。そして、師は、その刻印を評価し愛したのだといえるだろう。

しかしまずは、この概念を最終章の流れの中に置いて見ることから始めよう。

> 戦争の起源は、個人的あるいは集団的所有権にあり、人類はその構造上所有に宿命づけられているので、戦争は自然的なのだ。戦争本能は、きわめて強烈なので、文明の表面をひっかいて再び自然を見出す時には、一番にあらわれる。(*D.S.*, 303)

そして哲学者は、今日の戦争の具体的原因として「人口の増加、販路の喪失、燃料および原料の欠乏等」(*D.S.*, 308) を挙げる。しかし、人口問題以外は、産業主義と機械主義の著しい発達以来、我々の生存が辿った方向すなわちもっとも粗野な欲望の満足にいよいよ駆り立てられている状況に基づいていると指摘する。この最終章の表題の《機械》は、そのような、今日の人類の快楽追求の道具となっている産業主義を意味している。

そこまで考究したところで、哲学者は、人類の心理的・社会的歴史における《二分法と二重の熱狂化》を指摘する。《二分法》とは、対立する要素に分岐する傾向であり、《二重の熱狂化》とは、その各要素が交互に「行きつくところまで辿ろう」(*D.S.*, 316) とする要求である。(例：キリスト教的禁欲主義の後の、反作用としての宗教改革とルネサンスと発明的兆候。)

ペギーの面影が浮かぶのは、この最終章の核心をなす次の部分である。

> われわれの器官が自然的道具であるとすれば、同様に、われわれの道具は人為的器官である。(中略) それゆえ、人類の道具類は、その身体の延長である。(中略) だが、機械は、われわれの器官を甚だしく拡大し、われわれの器官に、その大きさと力とに、不釣り合いな恐るべき力を与えるに至った。(中略) ところで、度外れに大きくなったこの肉体のなかで、魂はもとのままでいるので、いまや、この肉体を満たすにはあまりに弱すぎる。そこから、この両者の間に空隙が生じる。またそこから、社会的、政治的、国際的な、恐るべき諸問題が生じる。(中略) すなわちここで必要なことは、こんどは精神的、潜勢的エネルギーを新たに貯蔵することであろう。(中略) 拡大された肉体は魂がつけ加わることを期待しており、《機械》は《神秘》を要求するだろう、と述べておきたい。(*D.S.*,

330-331 強調筆者)

すなわち、哲学者は、《二重の熱狂》の法則によって、現代文明に代わる禁欲的世界への交代を予期し、希望しており、そこでは、精神的・潜勢的エネルギーが貯蔵され、人類の拡大された身体に魂が加わることを希望している。そのように加わる要素を一言に《神秘》とよんでいるのであり、ここでの《神秘》とは、人類の《精神的・潜勢的エネルギー》、人類の《魂》であることがわかる。それは、ペギーの《神秘》の主体を人類規模に拡げたものである。

しかし、この《神秘》(la mystique)の概念は、哲学者自身としてはあくまで初めて用いるものであり、しかも章の題にするほど重要な意味を持つものとされているのに、定義らしいものは最小限である。こういうことは、この哲学者においては非常に稀なことであって、同じ『二源泉』の中でも、例えば、自然的宗教などに関する定義の緻密さはどうだろう！　そのように考えてくると、ペギーの「《神秘》に始まり《政治》に終わる」という命題を核としてあまりに周知の《神秘》の用語については、主体を人類に拡大した形で提示しただけであるから、子細については言わずもがな、と、控えたのではないだろうか？そう考えると、この書のこの語の定義における哲学者の常ならぬ寡黙さは、むしろ、哲学者のペギーに対するレスペクトを表しているのではないかと思われてくる。

『二源泉』において、神秘家の証言によって、人間の創造を、神による愛の対象の創造として捉え、《生の躍動》を《愛の躍動》と名付け直した哲学者の考える《神秘》は、地の表が、全人類的な愛の躍動に満ちている世界であろう。弟子は師のこの最終的なヴィジョンの誕生を促したのである。

終わりに——神のみまえに、ペギーへの熱烈な賛辞。

ベルクソンは、『二源泉』のなかで、神秘的状態を体験した人がその状態について語るのを聞くとき、「なにかが自分のなかで反響する」(D.S., 260-261) と述べていた。しかし、この著作の方法論そのものは、『創造的進化』の進化の過程と神秘家の証言という二つの《事実の系列》の交差によって、神の本質を把握するという意味では、あくまでも哲学的方法論であって、その意味で、この著作の《神》は、あくまで《哲学者の神》に留まっていた。キリスト教そのものについても、そのような方法論ゆえ、「哲学は日付を持った啓示や、それを伝えた制度や、それを受け入れる信仰を相手にしない」(D.S., 265-266) という立場に徹している。

この著作以後、ベルクソンのキリスト教に対する考えは、どうなったであろうか? ここに、一九三九年七月一五日、すなわち『二源泉』発表の七年後、八〇歳のベルクソンからイサク・バンリュビあての書簡がある。

私は出来る限り仕事をしています。しかし、私が新しい著書を準備していると言われているのは間違いです。本当のところ、私はこの世を去る前に、いくつかの点についての考えを持ちたいのです。

私のために持ちたいのです。そこから著書を引き出すということは本当にありえません。H・ベルクソン（*Mélanges*, P.U.F. 1588-1589　強調ベルクソン）

この書簡に「私のために」と強調しているように、ベルクソンは『二源泉』以後、「自分のために」キリスト教を研究し続けた。そして、この手紙の前年一九三八年の三月二日、「ベルクソンはいかにして神を見出したか」という題での講演を準備中の高弟のジャック・シュヴァリエに対して、聴衆が速記をしないこと、自分の死後に公表することという条件で、自分が信仰に至った道程について語った。

現在の自分の確信に至るための「一連の接近作業」を導いたのは哲学であるか信仰であるかという問題については、信仰という言葉を広い意味に取って、自分の場合、信仰である、と言う。[55] そして、「パスカルが、アブラハム・イザク・ヤコブの神にして、哲学者と学者の神にあらず」、と記すとき、私は今、それを完全に理解しますと言う。[56] また、確信への接近作業の契機になったものとしては、キリスト教神秘家たちの読書を挙げる。[57] そして、『二源泉』で「反響」と呼んだよりも強い言葉で、自分には神秘家を理解するための「素質」(prédestination) のようなもの、神秘家そのものの「端緒」(commencement) があったと言い、[58] しかし真の神秘家になるためには、カトリシズムが《恩寵》(grâce) と呼ぶ外から加わる要素が必要であることに、当時は思いいたらなかった、と言う。[59] 次にベルクソンは、「或る時」、福音書がひとつの大きな断絶、真に新たな世界の《始まり》をもたらしたことに深く気づいたのだ、と言う。[60] そのキリスト教の伝播から人間の刷新が生まれた。その伝播は、「福音書のキリスト、全人類の罪と苦しみを負われた御方」が「見られたこと」を「見る」特権を備えた人々である神秘家たちによって行われた。[61]そしてまた、キリスト教の伝播は教義の伝播ではなく、魂のある状態すなわち慈愛（charité）の伝播であり、それがやがて行動となって現れるのだということも理解した。「あまりに多くの者がはっきり見ていながら行動しないのは驚くべきことであるが、しかし本当に見た者は行動したのだ」[62]

このようなキリスト教への接近にもかかわらず、ベルクソンは洗礼を受けることを肯んじなかった。ベルクソンの死後に夫人がムーニェの求めに応じて発表した一九三七年二月八日付の遺言には、次のように書かれている。

私は熟考すればするほどカトリシズムに接近した。カトリシズムに私はユダヤ教の全き完成を見る。もし、数年前から起こった反ユダヤ主義の激しい波が世界中に押し寄せるのを見なかったら、私は改宗していたであろう。私は明日迫害されようとしている人々のもとに留まることを望んだ。しかし、もしパリ大司教の許可が得られるなら、私はカトリックの司祭が葬儀の祈りを唱えに来て下さることを希望する。（後略）[63]

ベルクソンは、明日迫害されようとしている同宗者のもとに留まることで、真の隣人愛を生きようとし、それを神はみそなわし給う、と考えたのだ。また、それは、ノーベル賞受賞者である著名な哲学者としての責任ある振る舞いでもあっただろう。他方、カトリックでは、本人が洗礼を望んでいても、具体的な状況に阻まれて、それが実現しないままに亡くなった場合、《望みの洗礼》(baptême du désir) と呼ばれる秘跡がある。ベルクソンの場合は、それに当たるだろう。そして、実際、死には間に合わなかったが、ベルクソンの望み通りカトリック司祭が呼ばれて葬儀の全ての司式がカトリックの典礼で行われた。

さて、最後に、われらのペギーに戻ろう。哲学者ベルクソンではなく、人間ベルクソンは、ペギーに遅れること三〇年でキリスト教信仰に到達した。ちょうどその頃、すなわち一九三九年一月二五日、ソルボンヌ通り八番地の旧・『半月手帖』社屋の壁に記念板が取りつけられることになり、ベルクソンは、ダニエル・アレヴィーへの書簡という形で挨拶を送る。(当日、実際には、ジャン・タローが読み上げた。)

以下は、その書簡であるが、自分自身のうちの《哲学者》と《人間》の仕切りが信仰のうちに取り払われた人として、ベルクソンは、神のみまえに、心を開き、いまだかつてない《熱烈な賛辞》をペギーに捧げる。両者の関係を追ってきた本論を閉じるのにまことに相応しいものと思われる。

ベルクソンのダニエル・アレヴィーへの書簡[64]

親愛なる同僚よ、

私の心は貴方と共にあります。また、あなたの呼びかけに応えて、ペギーの思い出に敬意を表すために集まられた全ての方々と共にあります。皆さんと共に、彼の人となりに、そして私たちが彼に負っているものに思いを致しています。

偉大にして崇拝すべき人物！彼は、神が英雄と聖人を創られるために用いられた素地から創られていました。彼は英雄です。なぜなら、青春時代の初めからペギーは英雄的に生きることだけを考えていたからです。聖人でもあります。なぜなら、彼は、無意味な行動などはない、人間の全ての行動は重大なもので、精神の世界全体に響きわたるものだという確信を聖人たちと共にしていたという点だけでもそうなのです。遅かれ早かれ、彼は、人類全体の罪と苦しみをお引き受けになる御方のもとに赴くはずでした。

親愛なる同僚よ、ペギーが仕事をした家に記念板を付けることを思いついたとき、あなたが先ず考えたのは、そのようなことだったことでしょう。けれども、ひとつの対照を強調する必要もあります。訪れた人の一人には座る椅子があるけれども、他の二、三人は、やっとのことで立つ場所がみつかる、というような至って質素な店と、そこから飛び発って、あちこちに、しばしば非常に遠くまで、正義と真理によって生きることを望む人々のいる至るところに飛んで行った思想との対照です。

彼の最初の出発点は社会的正義の理想でした。このやや抽象的な理想は、彼の眼にはフランスのうちに、特に職人と農民のフランスのうちに具体化したものでした。良い制作をすることが、完成に対する一般的な要望へと広がり、土地への愛着が、土地を耕す人々に、一種の気高さ、貴族的特性を与えるのでした。更に一層良く見ることによって、彼はフランスを人格化した人物に気がつきました。彼の想像力がその人生を生き直そうとし、その叙事詩を歌った、ジャンヌ・ダルクその人です。しかし、彼の中の哲学者は、最も高貴な理想も、その入れ物にあたるものが無傷なままで、中が空洞になってしまうのはなぜか、ちょうど高価な家具が、内側を白蟻の見えない仕事によって食い尽くされて、手を触れれば灰燼に帰するように、と自問せずにはいられませんでした。全ての《神秘》は《政治》に堕落する危険に脅かされているという思想が、彼において最も重要なものであったと私には思われます。それは、彼が、最良の友に対しても厳しかったことを説明します。それはまた、私たちの目に、彼の人生の最後の一五年を明らかにします。『手帳』の霊的内容をいささかも軽くすることに同意せず、何についても誰についても妥協することなく、『手帳』の存在を保持するためにしたあの継続的な苦しい努力を説明します。それは、闘い、苦労し、自己犠牲する要求のようなものでした。そして最後の機会は、嗚呼！間もなくやってきました。一九一四年九月五日、彼はセーヌ・エ・マルヌ県のプレシス・レヴェークの近く、指揮する兵士たちと共にいました。彼らの周囲では、ドイツ軍の弾丸が音を立てていました。部下に対して身を伏せるように命令し、彼自身は立ったままで、フランスのために亡くなりました。

彼が生き延びていたら、いま、われわれのために何をしてくれたでしょうか！　われわれが二〇年前から手探りで生きているこの闇の中で、私は一度ならず自問しました。そして、常に私は、偉大な心、人間的な次元を超えた人間においては、後に彼らの霊に浸された何ものかが生き続け、働きかける力を持つ何ものかを遺すはずだ、と答えていました。

一九一七年のある日、ワシントンで、最高の教養をもち非常に堅実な良識を持ったアメリカ婦人が私に、マルヌの闘いについて話しかけました。私のほうは、勝利をガリニに帰する者とジョフルに帰する者が半々だった、数週間前にパリでした議論のことを話しました。彼女が驚いて私を見つめたことを私は決して忘れないでしょう。「なんですって?」と彼女は言いました。「どうして、そういう風に考えるのでしょう?それでは、あなたたちは、あの闘いはジャンヌ・ダルクのお蔭で勝ったということを知らないのですか?」

明日、深い淵から昇る「心ヲ高ク挙ゲヨ」(sursum corda) の声が十分な結果をもたらすとき、崇拝すべきフランスが、その崇拝そのもののうちに、子供たちを和解させ、フランスが世界にもたらす務めを持つ光が再び輝くとき、叫び声を挙げさせ炎を再び燃え上らせたのは、これらの人かあれらの人か、と人は恐らく自問するでしょう。しかし、私はすでに、アメリカから同じ声が私の耳に呟くのを聞きます。「どうして探すのですか?ペギーのお蔭だったのですよ。」

そうです。ペギーに名誉あれ!フランスに栄光あれ!

アンリ・ベルクソン

一九三九年一月二五日

[注]

はじめに—問題設定

1　Charles Péguy (1873-1914)

ペギーの著作については、次の略号を用いる。

Pr I → III: *Œuvres en prose complètes*, tome I, tome II, tome III, Gallimard

2 Henri Bergson (1859-1941) ベルクソンの著書については、全て P.U.F. 社の Quadrige 版を用い、各著書については、次の略号を用いる。

E.C.: L'évolution créatrice　*E.S.: L'énergie spirituelle*　*D.S.: Les Deux Sources de la morale et de la religion*

P.M.: La Pensée et le mouvant

3 Jérôme Tharaud (1874-1953), Jean Tharaud (1877-1952) 兄弟は、殆ど全ての著作を共作した。

4 J.-J.Tharaud, *Notre cherPéguy*, Plon, tI, 265-266. [rééd, Ad Solem, Paris, 2014, 282]

《Il avait un don merveilleux pour franchir la matérialité des êtres, la dépasser, jusqu'à leur âme.C'est ainsi qu'il a connu mma pensée la plus secrête, telle que je ne l'ai pas exprimée, telle que j'aurais exprimée, telle que j'aurais voulu l'exprimer.》

当時ベルクソンはこの言葉をペギーと親しかった人たちに繰り返し言っていたようで、一九一五年ベルクソンを訪ねたファーヴル夫人（ジャック・マリタンの母親で、ペギーにとっては、パリにおける母親的な存在だった）は、ノートに「今日は専らペギーのことだけを話した」と記した後、ペギーについてのベルクソンのほとんど同様の言葉を記録している。cf.Romeo　Arbour :《Bergson et les lettres françaises》, Librairie José Corti, 1955, 287

本論文のベルクソン関連のテクストの和訳部分は、邦訳書がある場合は参考にしつつ、基本的に拙訳。

第一節　師弟の歴史

5 *Les Etudes Bergsoniennes, Tome VIII, Bergson et Péguy*, P.U.F. 1968, 26（以降は、*Et.Berg.TomeVIII* と略記。）

6 *Essai sur les données immédiates de la conscience*, Paris, Alcan, 1889

7 *Matière et mémoire, Paris, Alcan*, 1896

8　*Et.Berg.TomeVIII*, 50

9　Cf.André Robinet : *Péguy entre Jaurès, Bergson et l'Eglise*, SEGHERS, 1968, 158

10　André Robinet, *op.cit.*, 97に、ペギーのこのような出で立ちを描いた画家ピエール・ロランによる油彩画が掲載されている。

11　Jacques Chevalier: *Entretiens avec Bergson*, Plon, 1959, 2

12　*Ibid*, 1

13　*Ibid*, 3

14　*Ibid*, 2　強調筆者

15　ベルクソンの著作の和訳については、基本的に、一九六〇年代に刊行された白水社の『ベルクソン全集』の各書を参照しつつ拙訳。

16　朝倉季雄『フランス文法事典』白水社、一九六四年、一四一

17　*Ibid.*

18　Henri Bergson: *P.M.*, 94

C'est dire que l'enfant devra d'abord la réinventer, ou, en d'autres termes, s'approprier jusqu'à un certain point d'inspiration de l'auteur. Comment le fera-t-il, sinon en lui emboîtant le pas, en adoptant ses gestes, son attitude, sa demarche ? Bien lire à haute voix est cela même. L'intelligence viendra plus tard y mettre des nuances. Mais nuance et couleur ne sont rien sans le dessin. Avant l'intellection proprement dite, il y a la perception de la structure et du mouvement ; il y a, dans la page qu'on lit, la ponctuation et le rythme : Les marquer comme il faut, tenir compte les relation temporelles entre les diverses phrases du paragraphe et les divers membres de phrase suivre sans interruption le <u>crescendo</u> du sentiment et de la pensée jusqu'au point qui est musicalement noté comme culminant, en cela connsiste l'art de la diction. On a tort de le traiter en art d'agrément. Au lieu d'arriver à la fin des études, comme un ornement, il devrait être au début et partout, comme un soutien.

ベルクソンと同時代の文学者たち、例えばジッドなどが、自分の小説が完成して友人たちに感想を求める時、完成稿を渡すのではなく。丸一日、あるいは数日をかけて、作者自身が読みあげるという習慣があるが、それも、文学における、このような《リズム》の決定的重要性を考えてのことと言えるだろう。

19 André Robinet, *op.cit.*, 211

20 ①Henri Bergson, *Histoire de l'idée de temps.Cours au Collège de France* 1902-1903, édité et présenté par Camile Riquier, PUF, mars 2016

② Henri Bergson, *L'évolution du problème de la liberté, Cours au Collège de France* :1904-1905, édité et présenté par Arnaud François, PUF, janvier2017

③ Henri Bergson, *Histoire des théories de la mémoire, Cours au Collège de France* 1903-1904, édité et présenté par Arnaud François, PUF janvier 2018

④ Henri Bergson, *L'idée de temps, Cours au Collège de France* 1901-1902, éditéet présenté par Gabriel Meyer-Bisch, mars 2019

21 注20の①, 12

22 Cf. André Robinet *op. cit.*, 153

23 Gilbert Maire: *Bergson, mon maître*, Editions Bernard Grasset, 1935, 156-157

24 Bergson: *Cours II, Leçons d'histoire de la philosophie moderne, Théories de l'âme*, édition par Henri Hude avec la collaboration de Jean Louis Dumas, P.U.F.1995, 84

ベルクソンの実社会での生き方とデカルトの《仮の道徳》との関係については、拙著『心身の合一』、東信堂、二〇〇九年、第二編「哲学者のモラル」、第一節《科学としての哲学》と《仮の道徳》、で、詳論したので参照されたい。

25 Gilbert Maire., *op.cit.*, 157

26 ローマ・カトリック教会が、カトリック教徒が読むに相応しくないと思われる書物の《一覧》(Index) を定めた制度。この一覧に入ることを禁書 (mise　à l'index) と呼ぶ。この制度の実施期間は、一五五七年から一九四八年であり、現在は実施されていない。

27 『ベルクソン氏とベルクソン哲学についての覚書』を掲載の一九一四年四月二六日号の『手帖』のこと。
第二節「最も内奥の思想」―『哲学的直観』によって

28 J.-J.Tharaud、*op.cit.*, 265-266

29 一九一一年ボローニャで開催された哲学会で行われた講演

30 Philippe Soulez, Frédéric Worms, *Bergson*, Flammarion, 1997

31 Charles du Bos *Journal* (1922-1923), Paris, Corréa, 1946

31bis1 ベルクソン哲学形成の歴史において決定的に重要なこの講義を、編集者はなぜ掲載しなかったのだろうか?この講義録の編集方針には疑問点が多く、資料として貴重であるだけに遺憾である。

31bis2 Joseph Desaymard, *Henri Bergson à Clermond-Ferrand*, Bellet, 1910

32 Philippe Soulez, *op.cit.*, 69

33 G.Rageot: *Une note sur James et Bergson, La revue de philosophie, LX, août 1905*, 225-227

34 Philippe Soulez. *op.cit.*, 69

35 Jean Guitton: *La vocation de Bergson*, Gallimard, 1960

36 La Rochefoucauld 公爵 (1613-1680)　人間の全ての行動の根底に利己主義と虚栄心を見る辛辣な人間観察の書である『箴言集』によって有名。
この二編の小論は、残念ながら、一九七二年に出版された『雑編』P.U.F. 社には収められていない。この二編は、「エコール・ノルマル時代の二つの小論」(中村弓子訳、谷川渥解題) として、『現代思想』(九月臨時増刊―ベルクソン）青土社、一九九四年に収められた。なお、『雑編』に収められたもののうち最初期のものは、この二編の更に前年一八七八年の、パスカルによる幾何の出題に対する解の全国コンクールでリセ・フォンタヌの一八歳の生徒ベルクソンが優勝した際の解である。

37 Jean Guitton: *op.cit.*, 244　強調筆者

38 Jean Guitton, *Ibid.*, 247

39 Jean Guitton: *Ibid.*, 244

40 Jean Guitton: *Ibid.*, 247

第三節　弟子が師に先駆けるとき

『われらの青春』その1―《躍動》の媒介的イマージュを中心に

41 ドレフュス事件の基本的理解のためには、以下の書を参照した。（アルファベット順）

①有田英也「ドレフュス事件『以後』」上・中・下『みすず』七、九、一二月号　一九九八年

②Marras, Michael R, *Les Juifs de France à l'époque de L'affaire de Dreyfus*, P.U.F. 1959

③Miquel, (Pierre *L'affaire Dreyfus*, P.U.F.1959

ピエール・ミケル『ドレーフュス事件』（クセジュ文庫）渡辺一民訳、一九九〇年

④『日本フランス語フランス文学会関東支部論集』第五号「ドレフュス事件が意味するもの・一〇〇年の区切りを経て」一九九六年

⑤Péguy (Charles), Œuvres en prose, I, II, III, Bibliothèque de la Pléiade, Gallimard, 1987, 1988, 1992

⑥シャルル・ペギー『われらの青春―ドレフュス事件を生きたひとびと』、磯見辰典訳、中央出版社、一九七六年

⑦渡辺一民『ドレーフュス事件』筑摩書房、一九七二年

42 本論では、当時の用語に従い、ドレフュスの無罪を認めている人々を一括して「ドレフュス派」(dreyfusard と呼び、「真理」と「正義」をモットーとして積極的にドレフュス事件を生きた人々を「ドレフュス主義者」(dereysusiste) と呼んでゆく。

43 Emmmanuel Mounier: *Œuvres complètes*, volume 1, 1922-1932, P.U.F.2020, 108

44 Gilbert Maire: *op.cit.*, 157

45 André Robinet: *op.cit.*, 774 sq.

46 *Ibid.*, 201

47 Emmanuel Mounier:*op.cit.*, 76, 109

48 Romeo Arbour: *Henri Bergson et les lettres françaises*, Librairie Josécorti, 1955

49 *Ibid.*, 290

50 Camille Riquier, *Philosophie de Péguy ou les mémoires d'un imbécile*, P.U.F. 2017, 218

51 Emmanuel Mounier: *op.cit.*, 109

52 Camille Riquier, *op.cit.*, 240

第四―一節　政治家的ベルクソンの一〇年

53 *Mélanges*, P.U.F., 1567

終わりに―神のみまえに、ペギーへの熱烈な賛辞。

54 *Ibid.*, 1565-1566

55 Jacques Chevalier: *op.cit.*, 276

56 *Ibid.*, 276

57 *Ibid.*, 273

58 *Ibid.*, 275

59 *Ibid.*, 275

60 *Ibid.*, 275

61 *Ibid.*, 275

62 *Ibid.*, 274

63 *Henri Bergson*, édité par Albert Béguin et Pierre Thévenaz, Editions de la Baconière, 1943, 11-12

64 *Etudes bergsoniennes* VIII, P.U.F., 58-60

《野生状態の神秘家》クローデル

はじめに

「《野生状態の神秘家》クローデル」をテーマとするわれわれの研究の出発点は、あの「アルチュール・ランボーは《野生状態》の神秘家であった」(*Pr*, 514) という、衝撃と議論を呼び起こした文章に始まるクローデルのランボー全集の序の形成過程についてのアンドレ・ブランシェ師の論文[1]にある。この論文によって、われわれは、「《野生状態》の神秘家」とは、アンリ・ブレモンの著書『聖シャンタル』を受け取ったクローデルが、そこに描かれた聖シャンタルの神秘家としての道程のうちに、ノートル・ダムの回心から、四年間の抵抗を経ての教会への決定的回帰までの自分自身の道程に重なるものを見出して、結局翌年の一九一三年に「わが回心」において余すことなく描くことになった自身の回心の道程をランボーの上に投影した時に出てきた形容であったことを知った。クローデルは、このような間接的な形のもとながら、ノートル・ダム体験をめぐる道程のうちに、自身の神秘家的本質を認めたと言えるであろう。

そして、この事を知ったとき、十六世紀スペインの偉大な神秘家たち、十字架の聖ヨハネやアヴィラの聖テレジアの著作に少なからず親しんできたわれわれの眼に、クローデルが聖シャンタルに重ねた回心の時期以後の、『流謫の詩』の時期からリギュジェの体験の内に、更には、『真昼に分かつ』に見出されるその痕跡のうちに、これらの偉大な神秘家たちがその著書に描くみずからの魂の本質的道程に重なるものが、漠然とながら見えてくるように思われた。

そこで、逆に、意識的に、特に十字架の聖ヨハネの著作に描かれた神秘家の魂の本質的道程を、上記の時期のクローデルに突き合せてみると、そこに通底 (se communiquer) するものとして、クローデル自身の魂の道程の根本的様相がより明らかに照らし出されるように思われた。

クローデルの日記を見ると、十字架の聖ヨハネについては、一九一五年に『愛の生ける炎』を (*II*, 339)、一九一六年から一九一七年にかけて『カルメル山登攀』を読んでいる形跡があり (*II*, 357, 359, 377)、一九四五年には『暗夜』を読んでの覚書があり (*III*, 510)、また、アヴィラの聖テレジアについても、一九一四年から一九一五年にかけて、集中的に全集を読んで、一九一五年に、「聖テレジア」という詩 (*Po*, 624) を発表しているが、われわれが神秘家の道程との突き合わせを試みるのは、クローデルにおいての一八九三年から一九〇〇年にかけての時期を中心としており、この時期は、まだクローデルが両神秘家から影響を受ける可能性は無いがゆえに、この突き合わせの試みは、影響の問題とは独立したものとして、クローデルの内発的道程との突き合わせとしての試みになるだろう。

クローデルと十字架の聖ヨハネ、両者の突き合わせに当たっては、それが徒らに煩瑣になるのを避けるため、本論においては、まず、十字架の聖ヨハネの描く神秘家の内的道程の各段階を、可能なかぎり要約的かつ原型的な様相のもとに提示したあと、クローデルとの突き合わせをする、という形で進めていきたい。

なお、十字架の聖ヨハネ、今後は省略的に「聖ヨハネ」と呼ぶことにするが、参照する聖ヨハネの著作を最初に列挙しよう。著されたとされる順に、『カルメル山登攀』、『暗夜』、『霊の賛歌』、『愛の生ける炎』の四書である。これらの著作は、聖ヨハネが、自身の内的体験を、詩とその解説という形で記しつつ、教導の書として著したものである。なお、『カルメル山登攀』の題は、カルメル修道会の揺籃の地、カルメル山の登攀のイメージによって、神との一致に向かっての自己浄化の苦行を象徴する題であるので、《登攀》(montée) の語を、そのような苦行を象徴するキー・ワードとして使ってゆくことにする。

また、『真昼に分かつ』の版については、プレイヤッド版の注で (*Th I*, 1335)、マドールも言うように、一九四八年の上演版は、何もかも作り直そうとするクローデルと、出来るだけ保存しようとするバローとの間の「妥協」(compromis) の産物であるので、その時期の真実をより忠実に伝える一九〇五年の第一版に拠ってゆくこととする。

I—a《野生状態の》神秘家

一九六七年の『フランス文学研究誌』一〇一一二月号に掲載のアンドレ・ブランシェ師の論文「クローデルによるランボー論の形成過程」によれば、いまだ自分の回心の過程について、敢えて正面から書くに至っていなかった一九一二年のクローデルにとっては、自分自身の個人的事情については語らずに、ランボーを、自分自身にとってそうであったような、精神の解放者として語ることが出来るか、という難問をかかえていたわけであり、事実、N.R.F.からのランボー全集の序文の執筆依頼を一度は断っている。

ところが、その直後にブレモンから『聖シャンタル』が送られてきて、そこに「神に呼ばれ、神に抵抗し、ついには降伏する」[2]神秘家の姿を見出して、クローデルは、抱えていた難問を解決する素材としてそれに飛びつく。そして、断ってたった五日後に、自分から序文の第一稿をジッドに送る。ただ、《野生状態の》という形容詞だけは、ランボーのためにクローデルが付け加えたもので、クローデル自身とも重なる、その意味については、後で見るが、結局クローデルは、聖シャンタルの神秘家としての道程に重なる自分自身の、ノートル・ダム体験から教会への回帰までの道程を、ランボーの生涯における、マルセイユでの死にまで至る道程に引き伸ばして適用して、それが、序文冒頭のあの有名な文章に要約されることになる。

Arthur Rimbaud fut un mystique *à l'état sauvage*, une source perdue qui ressort d'un sol saturé. Sa vie, *un malentendu*, la tentative en vain par la fuite d'échapper à cette voix qui le sollicite et le relance, et qu'il ne veut pas reconnaître: jusqu'à ce qu'enfin, réduit, la jambe tranchée, sur ce lit d'hôpital à Marseille, il sache！(*Pr*, 514)

アルチュール・ランボーは《野生状態の》神秘家、飽和状態の土壌から再び湧出した失われた源泉であった。彼の生涯は、《一箇の誤解》、彼を駆り立て、追い立てる声、彼の認めようとしないあの声から逃亡しようという徒らな試みであった。片足を切断され、マルセイユの病院のベッドに追いやられて、ついに悟るに至るまで。（拙訳）

しかし、ランボーを神秘家と重ねることには、基本的に無理があり、多くの批判も受けて、クローデルは、結局この《即興》(improvisation)[3]を後悔して、この論以後のランボーに対する形容詞は、この論以前に使っていた、より一般的な形容詞、すなわち《預言者》(prophète)に戻ることになる。

ところで、《野生状態の》(sauvage)という形容詞は、正確には何を意味しているだろうか？この文脈では、ランボーにとっては死ぬまでの、そして、潜在的にはクローデルにとっての四年間の、神の呼びかけに対する抵抗の荒々しさを意味しているだろう、とブランシェ師は推察している。そして、『即興の回想』でクローデルが、ランボーの「精神の闘いは、人間同志の闘いよりも荒々しいものだ」と言う言葉の「より荒々しい」の原語《plus brutal》を《plus sauvage》と言い違えているのは、意味深く思われる、と指摘しているが[4]、この解釈にわれわれも基本的に賛同する。それゆえ、《sauvage》とは、すなわち《荒々しく抵抗する》の意である。

後に見るように、クローデル自身は、日記にみられる賞賛にもかかわらず、生涯を通して、神秘家に対しては両義的な反応を示していることもあり、自身の神秘家的本質に対して非常に自覚的であったとは思われない。しかし、すでに『黄金の頭』や『聖母賛歌』で語られ、この序文の翌年の「わが回心」で余すことなく語られることになるノートル・ダム体験、クローデルの信仰の出発点をなしたその体験が、尋常ならざる神秘的体験であったことは、誰の眼にも明らかである。そして、何より、クローデル自身が、自分のノートル・ダム体験から四年の道程を重ねたランボーを《野生状態の神秘家》と呼んでいることは、間接的な形ながら、クローデルの神秘家としての自己認識を表していると言えると思われる。

そして、最後に、ブランシェ師の論文中に引用されている、『聖シャンタル』の著者ブレモンへのクローデルの礼状の中の次の言葉は、クローデルがノートル・ダムでの神の呼びかけと聖シャンタルの受けた神の呼びかけの実体を完全に同一視していることが感じられると同時に、その呼びかけへの対応の違いにクローデルが感じている深い悔恨をも伝えて感慨深いものである。

Ah, que l'on se sent médiocre soi-même auprès de ces grandes âmes et quelle honte de répondre si mal à l'appel de Dieu.[5]

このような偉大な魂の傍らでは、自分がなんとつまらないものに感じられることでしょう。そして、神の呼びかけにこんなに不十分にしか答えられていないことが、なんと恥ずかしく感じられる

ことでしょう。（拙訳）

I－b　神秘家の道程　①《神に名を呼ばれること》

神秘家の道程の出発点をなす《神に名を呼ばれること》という神秘体験の実体はどういうことであろうか？早速、聖ヨハネの道程を突き合わせることによって、クローデル自身の経験の根本的様相を照らし出したいと思う。

ただ、その前に、神秘体験の《直接性》ということについて、予備的な考察をしたいと思う。《直接性》と言うことは、神秘体験の根本的性質をなすものであり、ラランド哲学辞典の《神秘主義》の基本的定義は、次のようになっている。

Mysticisme: Proprement, croyance à la possibilité d'une union intime et *directe* de l'esprit humain au principe fondamental de l'être.[6]

神秘主義：存在の根本原理と人間精神との内的、直接的結合の可能性に対する信仰、が本来的意味。（拙訳，強調筆者）

では、神秘体験の《直接性》は、感覚の《直接性》と同じものだろうか？もし、両者が混同されるならば、それは、病的な症状と言わねばならないだろう。両者が似て非なるものであることを示す卓抜なエピソードが、旧約聖書のサムエル記・上・三章のサムエルの物語の中に見出される。

祭司エリに預けられた少年サムエルは、ある日、神殿で寝ていると、呼び声が聞こえるので、エリが呼んだのだと思い、「ここにいます」と答えてエリのもとに行く。エリは、「私は呼んでいない。戻ってお休み」とサムエルを返す。こうしたことが三度続いたとき、エリは神がサムエルを呼ばれていると悟り、サムエルに、「もしまた呼びかけられたら、『主よ、お話下さい。しもべは聞いております』と言いなさい」と教える。こうしてサムエルは神の預言者となってゆく。

このように、神秘体験の直接性は、感覚の直接性と、正に《似て非なる》ものであるはずである。実際、聖ヨハネは、神秘体験を《接触》とも表現している。

Il (Dieu) a coutume de lui envoyer des *touches* d'amour enflammées (...)[7]

神は、ときとして、ある種のひそやかな愛の接触をなさることがある。[8]

そして、常々、あのノートル・ダムの体験を、神の《呼びかけ》(appel) と表現しているクローデルも、一九〇五年にシュアレスに対して、次のように表現している。

《*touches soudaines et silencieuses*》(*CPC*, 116)

「突然の静かな接触」(拙訳)

このように、神秘体験においては、様々な感覚の直接性に似ながらも非なる、神のみに特有の得も言われぬ直接性をもっての《訪れ》あるいは《働きかけ》がある、と言うべきであろう。そして、「わが回心」でクローデルが、「その方は私を愛しておられる、私を呼んでおられる」(*Pr*, 1010) と言うように、その働きかけは、愛そのものである神の私を愛する働きかけとして自覚されるはずである。

しかし、この働きかけの対象となる《私》とは、何であろうか？そのことを考えるために、クローデルも神秘家たちもしばしば用いる《神に名を呼ばれる》という表現に立ち返ってみたいと思う。この《名》という表現に、神の働きかけを受ける《私》の実体が表わされていると思われる。そこで、クローデルが、トマス・アキナスの『神学大全』を学び、自分なりに消化したところに築いた神学の書『詩法』(*Art poétique*) における《名》についての考察を参照しよう。

《名》とは、人が存在へと呼び出される時に神によって与えられ、死へと呼び出される時に、更に決定的なものとされるものであるが、その《名》については、次のように記されている。

Ce nom ineffable qui reste à jamais un secret entre le Créateur et nous et qui n'est communiqué à aucun autre. Apprendre ce nom, c'est comprendre notre nature, nous nourrir de notre raison d'être. (*Po*, 198-199)

「創造者」とわれらとのあいだに永遠に秘密として残り、かつ、われら以外の何者にも伝えられることのない名状しがたき名である。この名を学び知ること、それはわれらの天性を解することであり、われらの存在理由をもってわれらの糧とすることである。[9]

神秘家が神に名を呼ばれるときには、普通の人間が人生の只中では知ることのできない被造物としての自己の、そのような「天性」や「存在理由」の、少なくとも前味のようなものを知るに違いない。それゆえ、《神に名を呼ばれる》体験とは、愛なる神に直接働きかけられると同時に、その働きかけのうちに、被造物としての自己の存在の永遠の本質を直感することでもあると思われる。そして、それは、神の働きかけが、《触覚》という表現のもとに表わされる場合でも、まったく同じことであろうことは、言うまでもない。

「わが回心」において、ノートル・ダム体験を記述しながら、クローデルは、「あの特別な瞬間に引き続いた時のことを再現しようと試みてみるならば、それは、次のような構成要素から成っていた」(Pr, 1010)と述べつつも、それらは、「唯一の閃光」(en seul éclair)のうちに与えられたものだった、と述べているが、正に、《神に名を呼ばれる》体験とは、ここまで考察してきたような要素の全てが一体となって、唯一の閃光のうちに与えられる《訪れ》の経験なのであろうと思われる。

II－a　神秘家の道程　②《暗夜》

ここで、クローデルの魂の次の道程を照らし出すために必要な、神秘家の道程《暗夜》（nuit obscure）について、この有名な言葉の表す実質が何であるかを、聖ヨハネの著作『暗夜』によって見ておきたいと思う。それは、出発点において、神に名を呼ばれ、神を直接的に認識する恵みの体験をした魂が、その神の存在に向かって、今度は、自己放棄による浄化によって、自己の存在実質を以って近づき一致することをめざす、そのような《登攀》（montée）の途上にある時に避けがたい苦悩の状態を指している。《暗夜》とは、魂がそのように存在実質として神に近づこうという意志をもって《登攀》するときに、その意志と、ありのままの存在実質との間に乖離が生じて、「上のことにも、下のことにも味わいを見出せない」[10]、要するに「宙吊り」[11]（suspens）の状態の苦悩を意味するのである。そのように、「上のことにも下のことにも味わいを見出せない」《無味乾燥》（sécheresse）の状態は、『暗夜』のほとんど毎頁で言及される主題となっている。

そして、『暗夜』の次の二つの文は、《暗夜》にあって魂が味わうこのような《無味乾燥》が、最終的に魂にいかなる利益をもたらすものであるかを明らかにしている。

神が彼らをこの夜（無味乾燥の夜）に入らせる目的は、ただ彼らを鍛え、謙遜にし、霊的な事の中に貪食を養わないよう欲求を矯め直すためである。[12]

人間的な要求が捨てられた時、善行をすることの困難さは、自分のみじめさと卑しさを霊魂に認識させる。[13]

しかし、《暗夜》にありながらも、魂は、最終的には神との一致に達し、そこに至福を見出すことをひたすら熱望して耐え忍んでいるのであるから、《暗夜》は、そのような熱望の火を隠し持っている夜でもある。

II－b『流謫の詩』

II－b－1．聖職への《促し》

一九四二年のブラングにおけるギュマンとの対話で、クローデルは、一八九〇年の教会への回帰以後のことについて、次のように述べている。

Mes deux années 91-92 ont été vraiment les meilleures de ma vie, les plus calmes, les plus heureuses. C'est après que les difficultés ont commencé. (*CPC*, 154)

私の人生において、九一―九二年にかけては、本当に最良の、最も穏やかで、最も幸福な年月でした。困難な状況が始まったのは、その後です。(拙訳)

他方、ギユマンの本に記されていることによれば、最も早い時期としては、一八九四年の七月一二日には、マルセル・シュオッブに向かって、「願わくは、書くというこのみじめな仕事から解放され、私の望むことを果たす日が来たらんことを」といういささか謎めいた告白をしている(CPC, 157)。更には、一八九五年三月一三日には、ジュール・ルナールに対して、「自分の中のすべての文学的創造、文学的霊感を抹殺することを考えている」(CPC, 170)と話している。

上記の二つの事を合わせ考えてみるならば、クローデルは、シュオッブに対して告白した一八九四年七月頃にかなり突然、聖職への強い促しを感じて、文学を捨てることを考え、その時から困難な状況に置かれることになったということだと思われる。

いわば、その時までは、自分の文学者兼外交官としての実生活のほうへ信仰を適応させることを考えつつ、穏やかに幸福に生活していたのが、状況が完全に逆転して、それら全てを放棄して、神への献身を要請されることによって、困難な時期が始まったということであると思われる。

では、そのような強い促しが、どのような形で訪れたものかを考えてみるならば、九〇年の教会回帰のあとクローデルの霊的指導者となったジョゼフ・ヴィヨーム師が、後のリギュジェの件の際にパリ大司教に出した手紙の記述によると(CPC, 180)、確かにクローデルのアメリカ駐在の頃から、ベネディクト会修道院に入ることを勧めていたような口振りではあるが、しかし、『流謫の詩』の一八九五年七月の上海到着時に書かれた (*Cf. Po*, 1022) 第二詩編「遊ぶこともはやできぬ！」を見るならば、

Car *un jour* j'ai senti bouger dans l'épaisseur. (*Po*, 14, souligné par nous.)
それも、ある日、深いところに動くものを感じたからだ。[14]

とあり、決定的であったのは、他者からの働きかけではなく、「ある日」に起こった内発的な促しであったと思われる。また、その点については、『真昼に分かつ』第一版にも、それが、やはり「ある日」の内発的なものであったことが、非常に明白に記されている。

Et *un jour* j'avais inventé d'être à Vous et de me donner. (*Th I*, 1015, souligné par nous.)
ある日、わたしはあなたのものとなることを、この自分を差しあげることを思いついた[15]

その「ある日」とは、今まで見てきた通り、ギユマンの本から推測して、一八九四年七月頃のことと思われるから、クローデルがボストンに滞在中のことである。だから、一八九五年の、中国への最初の赴任の際に、フランスからベトナムまで同船して、クローデルに「あなたは神に呼ばれています」(Vous êtes appelé) と告げたカルメル会のシスター・テレーズ (*CPC*, 167-168)、クローデルの人生において、ロザリー

と共に、船上で出会った二人の対照的な運命の女性とも言えるシスターのこの言葉も、クローデルにとっては、基本的に、この「ある日」の促しを再確認する働きをしたものと言うべきであろう。

さて、『流謫の詩』の第二詩編には、この「ある日」に起こった促しの性質が、生々しいと言えるほどの現実感をもって記されているので、見てみよう。

Car un jour j'ai senti bouger dans l'épaisseur,
Sous l'homme et le plus bas où de vivre se fonde,
La réclamation de l'entraille profonde.
Depuis lors je connais le désir sans douceur. (*Po*, 14)
それも、ある日、深いところに動くものを感じたからだ、
人間の体の下のほう、生きることの成り立つ底の底、
深い底の臓腑が要求を主張した。
その日からわたしは知った、仮借なきあの欲求を。[16]

ここで「深い底の臓腑が、その要求を主張した」と言う「臓腑」とは、フランス語では《entrailles》であるが、クローデルは後に、ヨブ記に関連して、

《Le prophète place la sagesse dans nos entrailles et non pas [.] dans notre cervelle》(*CPC*, 136)
「預言者は智慧を脳髄にではなく臓腑に位置づける」(拙訳)

と述べて、聖書的用語としての、この《臓腑》、ヘブライ語の「ラハミーム」というこの言葉の意味深さについて覚える感銘を語っているが、この語の意味するところは、単に頭で考えるのでもない、また、単に肉体的に感じるのでもない、一般の《断腸の叫び》(cri des entrailles) というような表現に通じるもので、同じこの第二詩編で、直後の第四連の始めに、いみじくも「魂と腹のあいだ(中略)に座を占め」(assis entre l'âme et ventre) と言い改められているように、心と身体の結節点のような深いところから出てくる思いを表している。クローデルは、「ある日」、そのような臓腑の底から突き上げてくるような内心の声として、全てを捨てて、神に自己奉献する聖職の道を取るべきであるという《要求》(réclamation) を突き付けられたと感じたのである。

それゆえ、この第二詩編を、『真昼に分かつ』の、前に引用のくだりをも参照して考えるかぎり、この促しの性質そのものは、ノートル・ダムの《呼びかけ》のような、神からの直接的・神秘的な働きかけではない。しかし、その促しは、記憶に刻まれている、あの《呼びかけ》をされた神に対して全面的自己奉献をしなければならない、と仮借ない要求をするものであったから、クローデルのうちでは、臓腑の促しと、かつて自分に呼びかけられた神の記憶が接合されて、『流謫の詩』の他の詩編では、第I詩編の「称うべきあの声の仮借なき呼びかけ」(l'inexorable appel de la voix merveilleuse) (*Po*, 14)、第六詩編の「わたしを呼ばれたのだ。言って下さい、その要求を」(Toi qui m'as appelé, dis-moi ce que tu veux) (*Po*, 17)、というように、この促しは、神の直接的呼びかけによる聖職への促しとして表現されることになる。そして、それは、一九四八年の『真昼に分かつ』の序文まで一貫した表現となってゆく。いずれにせよ、クローデルは、一八九四年の七月頃の「ある日」に、そのような、かつてノートル・ダムで自分を呼ばれた神に対して、全面的に身を捧げるべきであるという、後にアムルーシュに語った表現に従えば、「抗いがたい」(incontestable) (*ML*, 124) 促しを感じたのである。

II－b－2．クローデルの《暗夜》

クローデルが感じた促しは、神に対する徹底的な自己奉献の道への促しであって、それゆえに、クローデルの念頭にあったのは、最初から、在俗司祭の道ではなく、観想修道会の修道士のそれであった。『即興の回想』で、クローデルは、宗教的召命についての自分自身の考え方を、次のように述べている。

> D'ailleurs, la vocation religieuse, ou elle n'est rien, ou elle est la substitution de la volonté de Dieu à la vôtre propre. (…) on coule à fond son bateau, les vaisseaux sont brûlés, si je peux dire. Alors, tout ce qui viendra après, eh bien c'est l'inconnu, c'est la volonté de Dieu qui aura à écrire sur une page complètement blanche. (*ML*, 152-153)

宗教的召命というものは、自分自身の意志を神の意志に取り換えてしまうことであって、そうでなければ、何ものでもありません。(中略)それは、自分の乗った舟を沈むがままにすることであり、舟はすでに燃え上がっている、とも言えましょう。その後に来るものは未知のことです。そして、神のご意志こそが、完全に白紙の紙にお書きこみになるのでしょう。(拙訳)

「ある日」に、神へのこのような徹底的な自己奉献への強い促しを感じたあと、クローデルは、前にも見たように、シュオッブに、ルナールに対して、文学を放棄する意志をこの上なく明快に宣言している。このような、友人たちへの早くからの宣言を見ると、クローデルは、強い促しを感じた時に、直ぐに、根本的には、神への自己奉献の道を選択することを決心したと思われる。実際、この道程と重なる『流謫の詩』執筆の時期について、クローデル自身次のように述べている。「私は引き下がれない道に乗り出していました。左右も見てはいられませんでした。それはまさに宗教的召命を考えていた時期で、私は神に対して、決定的に、非常に明確な仕方で関わることを考えていました。それで当時は全てがその遠い目的に従っていたのです」(*MI*, 138, 強調筆者)。

だから、クローデルの、一八九四年七月頃の「ある日」から、一九〇〇年にリギュジェで実際に修道院入りを試みるまでの道程は、葛藤を孕みつつも、根本的には、修道院において完全な自己奉献によって、自分を神に明け渡し、そのことによって、神と一致する、という宗教的召命の至高の目標に向かって、少しずつ自己放棄を深めつつ、存在実質として神に近づこうと努める道程であって、そのような根本的輪郭は、聖ヨハネの《登攀》と相似形であり、深いところで通底していると思われる。それゆえクローデルのいわゆる《文学の放棄》の件は、信仰の観点からするならば、全体として、そのような《登攀》の道程であったのだと言えるであろう。

ところで、『流謫の詩』は、一八九五年にクローデルが中国の赴任地である上海に着いた時に、ホテルの一室で一気に書いたものを核に、一八九五年から一八九九年にかけて書かれたものであるが (Po, 1022-1023)、ここに収められた詩編には、この時期のクローデルの《登攀》と、それに必然的に伴う苦悩としての《暗夜》の様相が、思いがけないほどに鮮やかに浮かび上がるのが見られる。[16bis]

神に向かって《登攀》しようとする魂の意志と、ありのままの存在実質との間に乖離が生じて、「上のことにも、下のことにも味わいを見出せない」《無味乾燥》(sécheresse) の状態については、II— a.節の《暗夜》についての説明で触れたが、ここに収められた詩編には、正にそのような状態が十二分に描かれている。

特に、第二詩編においては、もともと一気に書かれた部分の最初の詩編だった (Po, 1022) からだろうか、「ある日」、「仮借なきあの欲求」を知って歩み始めた魂にとって、『暗夜』で「下のこと」と呼ばれていたこと、すなわち日常生活、の味わいが一気に失われてしまった様が、この上なく鮮やかに、そして、痛切に訴えられている。

Je ne sais plus jouer ! je n'ai plus de plaisir
A travailler, je n'ai plus de plaisir à rire !
(…)

Le jour et par la nuit la lampe d'or m'étonne
Si je mange, le pain me reste entre les dents.
(…)
Car un jour j'ai senti bouger dans l'épaisseur,
(…)
La réclamation de l'entraille profonde.
Depuis lors je connais le désir sans douceur.
(P_0, 14)

遊ぶことはもはやできぬ！働くことにも
喜びはない、もはや喜びはない、笑っても！
(中略)
昼の光、夜には金色の燈火、茫然として暮らす、
物を喰えば、パンは、歯の間に残る。

それも、ある日、深いところに動くものを感じたからだ、
(中略)
深い底の臓腑が要求を主張した。

その日からわたしは知った、仮借なきあの欲求を。[17]

神への自己奉献の道を取るべきであるという、臓腑から突き上げるような促しを受けるや否や、日常生活の全ての味わいが失われ始めたのである。

また、《暗夜》にある魂が、「上のこと」を味わえない状況とは、今まで味わっていた、あるいは味わっていたつもりの信仰の味わいが味わえなくなるという状況を意味しており、そのことは、《暗夜》についての前の説明で引用した「人間的要素が捨てられたときに善行をすることの困難さ」という聖ヨハネの透徹した厳しい言葉にも表されている状況であって、自己放棄によって人間的要素を捨てようとするとき、今まで味わっていたつもりの信仰の味わいが人間的要素と共に消えてしまう、ということである。そして、このような「上のこと」が味わえない状態の苦悩を激しく訴えているのが、第四詩編であると思われる。

この詩では、「わが魂」と「私」の間の対話という、一種ボードレール的な枠組みで、愛そのものである神の存在を主張する「わが魂」と、そのようなものとしての神の存在を感じることのできない「私」との間に、激しい言い争いが展開する。（実際、この詩集の時期のクローデルについてアムルーシュは、パスカルの有名な言葉をもじって、「神はあなたにとって心情に感じられない存在でした」(*MI*, 123) と指摘している。）

—Amour. —Pas amour! Ne dis pas amour !

(…) Parce que je suis grandement malade !

Amour! Dis: *Je suis seule.* Ne dis point amour!

(…)

(*Po*, 16)

―愛。―愛ではない！愛などと言うな。

（中略）私がひどく病んでいるというのに。

愛だ！「私は孤独だ」と言え！愛などと言うな！

（拙訳）


愛そのものであるものとしての神の存在を主張する「わが魂」に対して、そのような存在は感じられない、だから、「私は孤独だ」と言え、と「私」は主張する。しかし、他方、「私」は、愛としての神の存在は実感できなくとも、神に対しての自分のほうの愛は抑え難く、この詩の第五連では、次のように、自ら「愛している！」と口ずさむ。しかし、「いったい誰を？」と「わが魂」に問い返されれば、「何も愛していない」と吐き捨てるように言うしかない。しかし、結局のところ、沸々と湧く神を愛する気持ちはいかんともし難く、最後には、「愛している」と繰り返すのみである。

J'aime! ―Et puis?―J'aime!―Et qui?―Je n'aime rien, chut!―J'aime!

J'aime! (…)

(*Po*, 16)

愛している！―それで？―愛している！―いったい誰を？―何も愛してなんかいない、黙れ！―
愛している！
愛している！

(拙訳)

ところで、アムルーシュは、『即興の回想』の中で、この時期のクローデルの、信仰におけるこのような《無味乾燥》の状態に注目し、図らずも、正に「無味乾燥」(sécheresse) の語そのものを用いて、次のように指摘している。

Cet instant de sécheresse, ou plutôt même cette période de sécheresse où il semble que la présence de la grâce se soit faite plus lointaine, que la grâce se soit comme retirée de vous (…)

(*MI*, 122)

恩寵の存在が遠ざかってしまったような、恩寵があなたから退いてしまったかのような、無味乾燥の瞬間、というより無味乾燥の一時期

(拙訳)

そして更に、この同じ第四詩編の、右に引用した部分に直続する部分には、

Hier! Demain! La chose à faire! Tout est fade!（*Po*, 16）

昨日！明日！為すべき務め！全ては色あせている！（拙訳）

と、日常生活全般が「色あせて」いることが慨嘆されており、全体として、この第四詩編には、正に「上のことも、下のことも味わえない」、この時期のクローデルの、生きること全般が《無味乾燥》に侵されている苦悩が訴えられているのである。

『流謫の詩』と題されたこの詩集は、言うまでもなく、《流謫》の語の第一の意味である、自分の生まれ育った土地や文化から引き離されて異邦人として生きる境涯を詠った詩集ではあるが、より本質的には、自分の魂が、真に希求する居場所に居ることが叶わず、無味乾燥のうちに《宙吊り》になっている、そのような《暗夜》を詠った詩集であると言えるだろう。

しかし、この詩集の全体の構成を追うならば、まず、開幕の第一詩編で、人生における「敷居」（Pas）（*Po*, 13）すなわち決定的節目にいることを詠ったあとに、あの第二詩編で、「ある日」抗いがたい要求を受け取った後の、現在の《流謫》の、あるいは《暗夜》の、本質的状態を訴えたあと、最終詩編である第一一詩編に向けて、《暗夜》の奥に隠された、神との一致に向う熱望の火を、しっかりと握り直す意志が次

第に力強く語られてゆく。第三詩編の「私は見ている、自分の選んだものを、心弱く疲れ切ってはいても、断固として」(*Po*, 15)[18]、第六詩編の「だがしかし、わたしはしっかと、今居る場所を守るだろう。死の刻印を押されて、なお生きている！（中略）わたしは信じ、望みを抱き、わたしはとどまり、執拗に続ける」。(*Po*, 17)[19]

そして、第二詩編の語る「喜びにして拷問の苦しみ」である《登攀》も、ようやく終焉に近づき、第七詩編が言うように、「わたしの手から武器を、一つまた一つ、奪い取った方」に対してクローデルの発する言葉は、既にそのまま、リギュジェでの彼の心情を表すものと思われる。第八詩編の「お取り下さい、あなたの授けられたこの才能という金貨を」(*Po*, 18)[20]、第六詩編の「わたしはあなたのもの、だから見せて欲しい、あなたの顔を！」(*Po*, 17)、「わたしを呼ばれたのだ。言って下さい、その要求を」(*Po*, 17)[21]など。

ところで、『即興の回想』で(*MI*, 124)、クローデルが、《神秘家的歓喜》(volupté mystique)の類いは、自分が常に嫌悪してきたものだ、と話の流れで語ったとき、アムルーシュは、「しかし、これなどはどうですか？」と言って、『流謫の詩』の「あなたの勝ちだ！最愛の人よ！わたしの敵よ！」に始まる第七詩編を第四連まで朗読している。アムルーシュは、そこに、神秘家の詩に類するものがあるではないか、と示唆しているわけであるが、クローデルは、全く取り合わず、変らぬ調子で話を続ける。しかし、われわれには、アムルーシュのこの直感は深く正しいものに思われる。なぜなら、この「あなたの勝ちだ」に始まる詩編はもちろんだが、『流謫の詩』の至るところに、神秘家の詩に特有の刻印が刻まれているからである。その刻印とは、《一度会った方》としての神に対する語りかけという刻印である。第六詩編の「わたしを呼ばれたのだ、言って下さい、その要求を」という言葉、これも、強い促しによって、クローデルが向き直った、あのかつてノートル・ダムで彼を呼ばれた神に対して発せられた言葉である。

そして、次に見るリギュジェの話は、正に、その「わたしを呼ばれたのだ、言って下さい、その要求を」の話に他ならない。

Ⅲ―a　神秘家の道程　③《愛の傷》

クローデルの次の道程と突き合わせるべき神秘家の第三の道程は、《愛の傷》の道程で、それは、聖ヨハネの『霊の賛歌』に語られるものである。

それは、《登攀》の最終段階の魂の道程で、暗夜はもうすぐ明けようとしている。神秘家の道程全体の出発点での神の訪れ、それを聖ヨハネが、《接触》とも表現していることは、前に述べた通りであるが、その《接触》は、魂に、愛そのものである存在としての神の刻印を残すが、一度訪れを受けた魂にとっては、以後、その刻印は、その後の神の不在を感じさせるものにもなってゆかざるを得ない。その意味で、神の訪れの刻印は、愛の刻印であると同時に、そのまま、神の不在の痛みを感じさせる傷口となってゆく。それを一言に《愛の傷》と呼ぶのである。『霊の賛歌』の有名な第一の歌に詠われているのは、そのような《愛の傷》である。

Chansons
entre l'âme et l'époux
[1]
Mais où t'es-tu caché
me laissant gémissante mon ami?
Après m'avoir blessée
tel le cerf tu as fui;[22]

霊魂と天の花むこととの間に
かわされる歌
［1］
どこにお隠れになったのですか？
愛するかたよ、私をとり残して、嘆くにまかせて…
私を傷つけておいて、鹿のように
あなたは逃げてしまわれました。[23]

そして、《登攀》の最終段階、それは《暗夜》の最終段階でもあるわけだが、自己放棄の苦しみの極みの状態に耐えかねた魂は、解説文の聖ヨハネの表現によれば、「また神を見たいとの悩ましい望み」[24] (que te voient mes yeux) [25]を抱く、というか、抱かずにはおれなくなる。そのような「悩ましい望み」を詠ったのが、第十の歌である。

［10］

Mon tourment, éteins-le
Puisqu'à l'apaiser nul ne suffira
et que te voient mes yeux
car tu es leur éclat[26]

どうか私のいらだちを、消してください
だれもそれを晴らしえないのですから。
ああ、どうか私の目は、あなたを見るように。
あなたこそ、その光なのですから。[26bis]

しかし、《登攀》を完成させ、《暗夜》を解決して、神との真の一致を成就させるには、もはや、神の《接触》では十分ではなく、魂自身が限界まで徹底した無味乾燥を生き切ることによって、神からの《霊的火》と呼ばれる究極的な恵みが到来して、魂を根底から変容させるのを待たなければならない。『愛の生ける炎』の序文で、比喩をもって聖ヨハネが語るように、魂という木材が乾燥し切った時にのみ、神の火が点くのである。[27]

だから、そのような最終的な恵みの到来の真近にありながらも、いまだその以前にある魂は、また神を見たい、神を見ることによって喜びと励ましを得たいと切願しても、その願いは叶えられない。そして、このように、魂が耐え難い苦しみの中から、また見たいと自分のほうから切願しても、神からの対応が得られなかったとき、神の不在が既に魂にもたらしていた傷の傷口はえぐられ、耐え難い痛みをもたらす。

クローデルのリギュジェ体験に突き合わせるべき神秘家の第三の道程とは、《登攀》の最終段階にある魂が、苦しみに耐えかねて、神に再び会うことを切望して叶えられなかった時に、神の不在によってえぐられる、このような《愛の傷》の道程にほかならない。

Ⅲ－b－1．神の《否！》とは何だったのか？

一八九八年に福州領事となったクローデルは、休暇で一八九九年の一〇月に海路で出発し、途中、クリスマスをベトレヘムで過ごして、最後は、再び海路、マルセイユ経由でフランスに帰国する。そして、クローデルからギユマンが得た証言によれば、一九〇〇年一〇月まで延長されるこのフランス滞在中に、ベネディクト会修道院入りのための試みは、夏の始めソレム修道院で、そして、恐らく八月末から九月にかけて、リギュジェ修道院で二回なされた。最初のソレムは、一日滞在しただけで、理由は明らかではないが、「うんざりして逃げ出した」(CPC, 177)とギュマンに語っているから問題にならないが、二回のリギュジェ修道院の滞在が決定的な重要性を持つことになる。一方、この間、中国の北京では、六月に義和団事件が起こるが、この中国の緊迫した事態が、福州領事のクローデルにとっては、直接の緊急問題ではないながら存在しており、それが、修道院入りの決意との関わりで、クローデル自身にとっても、また周囲の人々にとっても、どのような影響を与えたかは、非常に微妙な問題で、本当のところは明らかではない。

さて、リギュジェの二回の滞在を通じての、神の《否!》と呼ばれる出来事までの経緯を、まずクローデル自身による二つの証言を参考に考えてみよう。

第一の証言は、ギユマンの本に引用されている、一九〇九年一〇月一二日付のマシニョン宛の手紙の証言である。

《*J'avais demandé d'entrer comme novice à Ligugé* [...]. *C'était en 1900 et mes Supérieurs m'ordonnèrent, en raison des événements, d'attendre et de repartir pour la Chine.*》(Le 12 octobre à Massignon)(*CPC*, 185-186)

「私は、修練士としてリギュジェの修道院に入ることを要望しました。一九〇〇年のことです。(中略)ところが、私の長上たちは、事件を理由に、待つように、そして中国に向けて出発するように命じたのです。」(拙訳)

だから、まずクローデル自身が、修道士になる準備過程である修練士(novice)となる志願を表明し、それに対して、長上の人々が、中国の出来事もあることゆえ、今は少し待って、中国に向けて出発することを命じた、ということである。

第二の証言は、ずっと後に、『即興の回想』でなされたものである。

Et après que j'eus été reçu oblat au monastère de Ligugé, mes supérieurs, probablement pour m'éprouver davantage, ont jugé que je devais revenir en Chine. Ça a été un grand déchirement pour moi parce qu'un sacrifice comme celui que j'avais fait ne se refait pas deux fois dans l'existance. Je me rappelle qu à ce moment-là, je suis monté dans la chapelle des novices, à Ligugé. (*MI*, 150-151)

リギュジェ修道院で献身者として受け入れられると直ぐ、おそらく私をもっと鍛えようとしてでしょう、長上たちは、私は中国に帰るべきだと判断したのです。私の果たした犠牲の決心は、人生において二度と繰り返せるようなものではありませんでしたから、それは、私にとって、心を引き裂かれるようなことでした。思い返しますと、私が、リギュジェの修練士の聖堂に登って行ったのは、その時でした。(拙訳)

献身者(oblat)とは、聖職者ではなく、修道会の精神を日常生活に生かすことを志す在俗会員のことであるが、クローデルは、そのような献身者となることは直ぐに認められたものの、修練士の志願は、直ぐには受け入れられなかった、ということなのである。

人生で二度と繰りかえせないような、苦しい自己奉献の決意の受け入れを繰り延べにされて、修練士の聖堂に登って行ったとき、クローデルは神に対して何を祈ったのか。それについては、ギユマンの本に、クローデルの証言が収められている。

Deux jours avant de quitter Ligugé, je suis monté à la chapelle (…) J'ai demandé, demandé ce que je devais faire, quel parti je devais prendre. (*CPC*, 181)

リギュジエを発つ二日前、聖堂に登っていきました。(中略)そこで、私は、尋ねに尋ねたのです、何をすべきか、どう決心をすべきか。(拙訳)

要するに、この時クローデルは、二度と繰りかえせない苦しい自己奉献の決意を、長上たちは受け入れてくれませんが、私はどうするべきかお答え下さい、正に、あの『流謫の詩』にあったように、「言って下さい、その要求を」(Dis–moi ce que tu veux.)と問いかけたのである。

ところで、この問いかけに対しての神の答とは、どのような仕方でなされるはずのものだろうか？これは、良く考えてみなければならない問題である。答えが返ってくるものならば、それは、感覚の直接性のうちにではあり得ず、神のみに特有のあの直接性のうちにおいてであるはずである。言い換えるならば、それは、《呼びかけ》と呼んでも《接触》と呼んでも良いが、あの《神に呼ばれること》について見たような《訪れ》という仕方でしかありえない。クローデルの求めた神の答がもし与えられるものならば、そのような仕方であるはずであり、追い詰められた苦しい状況の中で、そのような答えが得られるなら、クローデルにとっては、あたかも身投げしようとするのを受け止められるように、自分の存在がしかと受け止められるのを感じ、全ての問題が解決するのを感じたことだろう。

しかし、現実に起きたことは何であったか？この点については、最も古いテクストである一九〇五年の『真昼に分かつ』第一版の次の記述が最も真実に近いだろう、とギユマンは言うが、多くの研究者と共に、われわれも同感である。

Ysé: Vous avez été repoussé ?
Mesa: Je n'ai pas été repoussé. Je me suis tenu devant Lui
Comme devant un homme qui ne dit rien et qui ne prononce pas un mot.
(*Th I*, 1002)

イゼ：拒絶されたのですか？
メザ：拒絶されたわけではありません。ぼくは、あの方の前に、まるで、何も言わない人、一言も発しない人の前にいるようにして、居たのです。[28]

必死で神の答を求めていた、この時のクローデルにとって、神は「何も言わない人」のようであったのである。すなわち、切望した答に当たる《訪れ》は、得られなかったということであって、そこに、クローデルは、神の拒絶を見たのである。そして、その拒絶を、こののち、様々な談話や、記述で、そして、四八年の『真昼に分かつ』上演版に至るまで、神は断固として「否！」（《Non!》）と答えた、という形で表現されることになる。この《神の「否！」》の実質が何であるか、ギユマンもアムルーシュも最後まで戸惑いを隠せない様子であるが、それは、もちろん感覚的直接性に訴える「否！」の声であるはずはなく、その実質は、上に述べたように、切願した神の《訪れ》が得られなかった、ということであると思われる。

Ⅲ－b－2．クローデルの《愛の傷》

クローデルがノートル・ダムで、愛そのものである神の訪れを受けたあと、その愛の刻印が、聖ヨハネが『霊の賛歌』で語る魂のように、それ以後の神の不在を感じることによって、傷に変貌していったかを考えると、特にクローデルのうちには、そのような経緯が見いだされることはないように思われる。しかし、リギュジェでの《神の拒否》の経験を考えるとき、それは、《登攀》の最終段階にある魂の《愛の傷》の道程に重なると思われる。

クローデルは、いわば、《登攀》の最後の段階で、あの修練者の聖堂に登っていたわけであり、文学を捨てて完全な自己放棄を果たして修道生活に入る、という人生で二度と繰り返すことのできない苦しい決心を果たそうという時にあって、クローデルは、聖ヨハネの語る《登攀》の最終段階の魂のように、自己放棄の苦しみに耐えかねて、神に直接答えてほしい、と、今一度の《訪れ》を切望したのだろう。しかし、それは起こらなかった。そのときの神の拒絶がもたらした傷は、ノートル・ダム経験による愛の刻印に重なり、クローデルの人生において、しばらくは、愛の刻印を覆い隠すかのようであったであろうと思わせる。そのような意味で、クローデルは、リギュジェにおける神の拒絶の経験によって、神秘家において《愛の傷》と呼ばれる傷を負ったと思われる。

クローデルは、神の拒絶に出会い、力尽きて、《登攀》の高みから宙に放り出されることになった。この神の拒絶については、後に、『真昼に分かつ』の有名な《メザの頌歌》で、「愛は湿った生贄を拒絶する」(l'amour refuse les holocaustes mouillés) (*Th I*, 1050) と述べて、召命が実現しなかった、その根底に、自分の自己放棄の不徹底があったことを告白するが、この点は、遂にクローデル自身は力尽きて進み入ることのなかった、神秘家の次の、そして、最後の道程、《登攀》の頂点に位置する《霊的火》の道程の内容と正に一致する。前にも簡単に触れたが、魂の無味乾燥が徹底され、浄化し尽された時に、神の《霊的火》が魂に点火されて、決定的変容が起こり、魂はついに、認識によってではなく、存在実質として神と一致して、神と共に働く存在となる。それが、聖ヨハネの考える聖人の姿である。だから、《湿った生贄》は、正に、無味乾燥を生き尽すことによってのみ、神からの新たな働きかけを受けることが出来るはずであったのだ。

さて、《登攀》の頂点の一歩手前で力尽き、《愛の傷》を負って宙に投げ出され、エルネスト・シモン号の甲板に放り出されたクローデル＝メザの発する次のような言葉は、この傷がいかに酷いものであったかを十二分に語っている。

Mon sang qui a coulé (*Th I* 1002), un cœur atteint (*Th I*, 1014), Ces élancements au cœur, cette douceur amère, empoisonnante ! (*Th I*, 1014)

流された私の血[29]、傷つけられた心[30]、心臓を突き上げるこの疼き、毒のように回るこの甘くも苦い思い（拙訳）

そして、『真昼に分かつ』の第一幕から第二幕にかけて、メザは、この傷の苦痛について、「これだけは俺のものだ」という言葉をうわごとのように繰り返す。

Plus rien que ce mal en moi au lieu de mon âme. Au moins cela est à moi. (*Th I*, 1014)

もう俺の内には、魂を占有するこの苦痛しかない。これだけは、少なくとも俺のものだ。（拙訳）

《登攀》の道程における神に対する関わりの全てが失われてしまった今、残されているのは、《愛の傷》のみであって、クローデル＝メザは、その傷口から血を流しながらも、それを、神との関わりの唯一の名残りとして執着せざるを得ないのである。

IV　《不可能な愛》における《愛の傷》の痕跡

「人生の中央にある正午の時」(Midi au centre de notre vie) (*Th I*, 987) に、エルネスト・シモン号の甲板に放り出されたクローデル＝メザにおいて、そこで出会った運命の女性ロザリー＝イゼとの愛を生き始めたとき、《愛の傷》はどうなっていったか、最後にその問題を考えたい。

クローデル＝メザが、人妻ロザリー＝イゼとの出会いの始めに、「わかっているはずだ、不可能ということは！」[31]《Vous savez bien que c'est impossible! 》(*Th I*, 1000) と言うように、この愛は、本質的に《不可能な愛》、破滅的な愛であった。

他方、クローデルは、一九四八年に『真昼に分かつ』の初版が『メルキュール・ド・フランス』に採録された際に書いた序文において (*Th I*, 1338)、この劇のテーマを二つ挙げている。第一に《不倫》(adultère) そして、第二に、《宗教的召命と肉の誘惑の葛藤》、である。

そこで、《不可能な愛》を、この二つのテーマに沿って考察することにするが、第二のテーマに沿っての考察のうちに、《愛の傷》の痕跡が見いだされることになるだろう。

V－a　《不倫》のテーマに沿って

《不倫》というテーマに沿っての《不可能な愛》の様相を見ると、それは、例えば、イゼの次のような言葉のうちに鮮やかに浮き出てくるものである。

Mais ce que nous désirons, ce n'est point de créer, mais de détruire, et que ah !

Il n'y ait plus rien d'autre que toi et moi, et en toi que moi, et en moi que ta possession, et la rage, et la tendresse, et de te détruire (*Th I*, 1026)

でもわたしたちが激しく求めているのは、決して創造することじゃない、破壊すること、そして、ああ！

あなたとわたしのほかには、もう何もなくなる、ただあなたのなかにわたしだけ、わたしのなかにはつかまえたあなただけ、そう猛り狂って、いとおしくてならないあなたを破壊してしまうこと[32]

クローデルは、このような様相を、一九一六年のフランス・ベルギー協会での『真昼に分かつ』の部分的上演に際して、次のように解説している。

C'est qu'à aucun moment l'homme qui enfreint la Loi n'est capable de se donner complètement, de donner son âme. Il y a une étreinte désespérée qui cherche l'union suprême dans un anéantissement réciproque (…) (*Th I*, 1338)

掟に背いた人間は、どんな時にも完全に自分を与えること、魂を与えることはできない、ということです。そこにあるのは、互いの虚無のうちに究極の結合を求める、絶望的な抱擁です。（拙訳）

この《絶望的抱擁》の語は、《不可能な愛》の《不倫》という第一のテーマに沿っての様相を要約するものと言えるだろう。

V－b《宗教的召命と肉の誘惑》のテーマに沿って

次に、《不可能な愛》の様相を、《宗教的召命と肉の葛藤》という第二のテーマに沿って見てみると、第一のテーマと比べるならば、半分隠されたような状態で、例えば、イゼの次のような言葉の中に見出される。

Un an,
Un an cela dura ainsi et je sentais qu'il était captif,
Mais je ne le possédais pas, et quelque chose en lui
d'étranger
Impossible.

でも、わたしはあの人を所有してはいないのだって、彼のなかには何か
一年ってものは、そうして続いたわ、そしてわたしは感じていた、あの人、虜になっているって、
一年。
不可解なものが
不可能なものがある。[33]

(*Tb I*, 1040-1041)

「私はあの人を所有していない」、「彼のなかには何か不可解なものが、不可能なものがある」とイゼの言う、その「不可能なもの」とは何か? 劇の台詞の中には、その核心はついに明らかにされることはないが、われわれには、それが、実際の生きられたドラマと同時期に書かれた一つのテクストのうちに示唆されているように思われた。

それは、クローデルがフリゾーに一九〇四年一〇月に「僕は清書を終えたところだ」と書き(*Po*, 1060)、実際に最後に「福州、一九〇四年」と記してある、あの『詩法』の「世界への共同・出生とおのれ自身に関する論説」の第五章の終わりに近い部分に見出される。ロザリー＝イゼが、フランス外務省から派遣されるクローデルに関する調査団に対する対策として中国を出発したのが、一九〇四年八月であるから、この文章は、まさに生きたドラマの進行中に、同時的に書かれたものであり、その意味で、『真昼に分かつ』の問題点を解明するために参照するのは、相応しいものであろうと思われる。その箇所は、前に、神秘

家の道程の《神に名を呼ばれること》についての部分で、《名》について参照した、まさにその部分の直後に見出される次のような文章である。

Dans cette amère vie mortelle, les plus poignantes délices révéles à notre nature sont celles qui accompagnent la création d'une âme par la jonction de deux corps. Hélas! elles ne sont que l'image humiliée de cette étreinte substantielle où l'âme, apprenant son nom et l'intention qu'elle satisfait, se proférera pour se livrer, s'aspirera, s'expirera tour à tour. (*P₀*, 199)

この亡ぶべき苦き命において、われらの天性に啓示されたもっとも胸をえぐる歓喜は、二つの肉体の合体による一つの霊魂の創造に伴う歓喜である。悲しいかな！この歓喜は、霊魂がそこにあって、おのれの名とおのれの満たす志向とを学び知り、身を委ねんとしてその意を告げ、こもごもに、息を吸い、吐くであろう実体的抱擁の、屈辱的な影像にすぎないのである。[34]

ここでは、二つの肉体の合体による「胸をえぐる歓喜」が、直ちに、「おのれの名とおのれの満たす志向とを学び知る」実体的抱擁を想起させ、かつ直ちに、自身はそれの「屈辱的影像に過ぎない」ものとして、埋められない距離が実感されている。そして、前に見たように、神の《訪れ》は、同じく《名を呼ばれること》として、ここでいう実体的抱擁の《前味》をなすものであるから、二つの肉体の合体による「胸をえぐる歓喜」は、常に、えられなかった《訪れ》に対する悔恨を呼び起こしたに違いないことが察せられる。すなわち、《抱擁》は、《愛の傷》を癒すものではなく、逆に疼かせるものであったということである。前に挙げたイゼの言葉の、メザの内にある《不可解》なものとは、そのことであろうと思われる。
実際、『真昼に分かつ』の中のイゼの次の言葉は、さりげない話し方ながら、そのような事情を示唆していると思われる。

J'étais jalouse, Mesa, et je te voyais sombre, et je savais Que tu me dérobais part de toi-même. (*Th I*, 1059)
わたしは嫉妬していたのよ、メザ、あなたが塞ぎ込んでいるのを見ると、わかってしまったの、自分の一番大切なところには、わたしにも、手をつけさせないのだって。[35]

ロザリー＝イゼを愛した五年間、クローデル＝メザは、そのような二重の《不可能な愛》、すなわち、絶望的抱擁のうちにあって《愛の傷》が疼く、そのような時期を過ごしたわけであるが、そのような時期を生きているクローデルの雰囲気を、次のイゼの言葉は、実に鮮やかに描き出している。

Et je lui demandais s'il était heureux, et il me regardait de son air de mauvais prêtre. (*Th I*, 1040)
で、わたしはあの人にたずねたわ、仕合せなのって、するとあの人、破戒僧のようなあの独特の顔つきで、わたしを見つめた。[36]

すなわち《破戒僧》(mauvais prêtre) としての雰囲気である。

VI 『真昼に分かつ』以後

一九〇四年にロザリーと波乱に満ちた離別をしたあと、クローデルは、一九〇五年に『真昼に分かつ』を書き、この作品を書くことによって、一種のカタルシスを果たした後、翌年一九〇六年に結婚する。結婚によって、《登攀》の道を辿ることを決定的に諦め、その道から離れたので、本来《登攀》の途上にある魂が蒙るものである《愛の傷》の傷口は、癒え始めたに違いない。

それゆえ、一三年後にクローデルが、再びロザリーと交流を持ち、和解したとき、二重に《不可能な愛》のうち、《宗教的召命と肉の誘惑》のテーマに沿っての問題、すなわち《愛の傷》の問題はほぼ解消していたことであろう。だから、和解した二人が最終的昇華 (sublimation) を果たすべきは、《不倫》のテーマに沿っての問題、すなわち《絶望的抱擁》の問題のみになる。そして、その昇華は、《死後の婚姻》というヴィジョンによって、実人生においても、また、文学的には、『繻子の靴』という劇作品のうちに実現することになるが、《愛の傷》の問題は、既にほぼ解消しているがゆえに、この劇の主人公ロドリグのうちには、もはや、あの『真昼に分かつ』の主人公メザの《破戒僧》の面影は完全に払拭されることになる。

そして、『真昼に分かつ』以後の時期において、《クローデルにおける神秘家》というわれわれの考察の観点から見て、重要な点を一つ指摘したい。それは、少し前にも触れたように、クローデルが結婚によって、《登攀》の道を取ることを決定的に諦めた時に、《愛の傷》が癒え始めた、ということと連動していることでもある。すなわち、《愛の傷》が疼いているとき、クローデルの内面においては、神の不在感のほうが強く、クローデルの信仰の出発点にあった、ノートル・ダムにおいての、あの《訪れ》によって与えられた喜びが覆い隠されていた感があるが、《愛の傷》が癒え始めると同時に、おもむろに、あの《訪れ》そのものへと、心を向けることになり、その《訪れ》がクローデルの魂に与えた息吹と喜びに、再び浴すことになる。それは、正に、一九〇六年に結婚後、赴任した天津で、翌一九〇七年に書かれた詩編「聖母賛歌」(Magnificat) の中に湧き出ているものである。

Vous m'avez appelé par mon nom Comme quelqu'un qui le connaît, vous m'avez choisi
Entre tous ceux de mon âge.
Ô mon Dieu, vous savez combien le cœur des jeunes
gens est plein d'affection et combie n il ne tient pas à sa
souillure et à sa vanité!
Et voici que vous êtes quelqu'un tout à coup ! (*Po*, 249)
あなたは私を名前で呼ばれた。
私の名を識る方として、あなたは私を選ばれた私の年齢の全ての者から。
おおわが神よ、あなたは若者の心がどんなに
愛情で満ちており、どんなに自分の汚辱や虚栄心を
顧みないものかをご存じです！
そして今、突如としてあなたは私の前にいらっしゃる！
（拙訳）

そして、以後、この恵みの体験について、クローデルは、「わが回心」を始めとして、飽きず語ってゆくことになるのである。

終わりに

本論も、結論を出す時が来たようである。
クローデルは、「わが回心」において、あのノートル・ダム体験について記した後に、その出来事が自分の一生に対して持った意味について、次のように記している。

Et c'est alors que se produisit l'événement qui domine toute ma vie. En un instant mon cœur fut touché et *je crus.* Je crus, d'une telle force d'adhésion, d'un tel soulèvement de tout mon être que, d'une conviction si puissante, d'une telle certitude ne laissant place à aucune espèce de doute, que depuis, tous les livres, tous les raisonnements, tous les hasards d'une vie agitée, n'ont pu ébranler ma foi, ni, à vrai dire, la toucher.

（*Pr*, 1010）

私の一生を支配する出来事が起こったのはその時だった。一瞬のうちに私の心は触れられ、私は信じた。私は非常なる帰依の力と、私の存在全体の非常なる高揚と、実に力強い確信と、いかなる疑惑をも受け入れる余地を残さぬほどの信念とをもって信じたので、それ以来、いかなる書物も、いかなる思索も、波乱に満ちた生涯のいかなる出来事も、私の信仰を揺るがすことはおろか、実のところ触れることも出来なかったのである。（拙訳）

クローデルの人生の出発点にあったノートル・ダム体験が、本論で見てきたように、「神に名をよばれる」真正の神秘体験であり、また、あのランボー全集の序を通じて、クローデル自身も、間接的ながらそれを認めており、また、「わが回心」の上の文章が語るように、その体験が、「波乱に満ちた生涯のいかなる出来事も」触れることも出来ないような信仰の根底をなすものであり、また、われわれの研究が解明になったことを希望するが、「ある日」からリギュジェ体験に至る過程で、クローデルが神秘家の《登攀》の道程の原型的な経験を最終段階の一歩手前まで辿ったことが跡づけられる以上、クローデルという人間の根本には、終生、一人の神秘家がいた、と言えるのではないだろうか？

ところが、クローデル自身は、前に見たように、アムルーシュに向かって、《神秘家的歓喜》といったものは常に嫌悪してきた、と言い、ギユマンに対しても、《神秘家的感傷性》(sentimentalité mystique) には怖気をふるう (*MI*, 80-81)、とまで言っているのだ。しかし、会話においてクローデルが神秘家たちに対して示している、このような強い反感は、聖ヨハネと聖テレジアという二人の代表的神秘家についてクローデルが日記で記していることを辿るとき、戸惑いを覚えずにはいられないものである。なぜなら、[はじめに]にも記したように、日記には、一九一四年以後、この二人の聖人の著書の読書の痕跡があり、クローデルは、常に深い共感と尊敬を持って引用し語っているからである。一九二一年、ジャック・マリタンが送ってきた、聖ヨハネの『愛の生ける炎』の一節を、「素晴らしい文章」と感嘆して、長々と書き写しているし (*JI*, 513)、聖テレジアについては、二年をかけての全集読破の後に、一九一五年に「聖テレジア」の詩を書き、「神の愛の教授」(Professeur de l'Amour) と呼んで (*JI*, 735)、一九二五年には、アヴィラの聖人の修道院を訪問もしている。(*JI*, 675)

しかし、良く考えてみるならば、クローデルは、自分の回心の経緯についても、あの詩編「聖母賛歌」(Magnificat) において、

> Et je fus devant vous comme un lutteur qui plie,
> Non qu'il se croie faible, mais parce que l'autre est plus fort. (*Po*, 249)

あなたの前で私は、自分が弱いと感じるからではなく、
相手のほうがさらに強いがゆえに
屈服する闘士のようでした。（拙訳）

このように言って、信仰においても、雄々しさ（virilité）に執着する人であるから、神秘家においても、クローデルが《感傷性》と呼ぶものについて、両義的な気持ちが働いたのではないかと思われる。だから、もし、あなたは根本的に一人の神秘家である、と人が言ったなら、クローデルは、猛然と抵抗したのではないだろうか？それゆえ、あのランボー論において、《sauvage》の形容詞は、神の呼びかけに対して応える経緯においての猛然と抵抗する姿勢に対して用いられたものであったが、人が自分を、根本において神秘家であるとみなすことに対して、同じく《sauvage》な姿勢、すなわち、猛然と抵抗する姿勢を取る、という意味で、クローデルを同じ言葉「野生状態の神秘家」、《mystique à l'état sauvage》と呼ぶことが出来るのではないだろうか？

最後に、あの《愛の傷》は、クローデルのうちで、ついにはどうなっただろうか？この点について、最晩年の一九五二年のクローデルの証言がある。それは、『即興の回想』に見出されるもので、リギュジェ体験を巡って、詩人の召命と宗教的召命の違いについて語っている箇所である。

P.C.—(…) Cela n'empêche pas qu'il y a toujours plus de mérite et plus de noblesse à ne pas faire le choix soi-même et à se mettre complètement entre les mains de Dieu qu'à agir suivant ses goûts, suivant ses propensions naturelles, enfin suivant l'homme, quoi. C'est la différence d'obéir à l'esprit ou d'obéir à la chair. Dans cette vocation de poète, telle que vous la décrivez, il y a beaucoup de chair et de sang, il n'y a pas de doute.

J.A.—Mais il y a beaucoup de chair et de sang que nous n'avons pas faits nous-mêmes. Il y a beaucoup de chair et de sang qui nous ont été donné pour être sanctifié et qui ressusciteront au dernier jour…

P.C.—Enfin, on se console comme on peut. C'est ce que j'ai fait. (*MI*, 157)

クローデル―（中略）それでも、やはり、自分自身が選択するのではなく、神の手に自分を委ねるほうが、自分の趣向に従って、自分の自然な傾向に従って、要するに人間に従って行動するより、多くの功徳があり、より高貴なことです。それは、霊に従うか、肉に従うかの違いです。あなたの描く詩人の召命のうちには、多くの肉と血が含まれていることには疑問の余地はありません。

アムルーシュ―しかし、私たち自身が創り出したのではない多くの肉と血があります。私たちに与えられたものである多くの肉と血があって、それは聖化されて最後の日に復活するべきものなのではないでしょうか？

クローデル―まあ、出来る限り、自分を慰めるのみです。私はそうしたということです。

（拙訳）

アムルーシュが懸命になって、文学的召命の持ちうる宗教的意義を主張するのに対して、究極的に、文学的召命が宗教的召命に伍すものとはなりえないことを主張するクローデルが最後に言う「出来る限り、自分を慰めるのみです」という痛ましい言葉は、クローデルにおいて、《愛の傷》は、生涯ついに完全に癒えることはなかったことを告げている。しかし、同時に、その傷を癒そうとする気持ちが、クローデルの宗教的文学作品を著すエネルギーの内に、どれほど変貌して流れ込んでいたか、それは、想像を絶するものであろう。

[注]

クローデルの著作については、次の略号を用いる。

J I, II *Journal,* Bibliotèque de la Pléiade, Gallimmard, tome I:1968, II: 1969

MI *Mémoires improvises,* Gallimard, 1954

Po *Œuvre poétique,* Bibliothèque de la Pléiade, Gallimard, 1967

Pr *Œuvre en prose,* Bibliothèque de la Pléiade, Gallimard, 1965

Th I, II *Théâtre,* Bibliothèque de la Pléiade, Gallimard, Tome I:1967, II: 1965

(補足)

CPC Henri Guillemin:*Le《Converti》Paul Claudel*, Gallimard, 1968

1 André Blanchet: *L'Elaboration par Claudel de son article sur Rimbaud* in *Revue d'histoire littéraire de la France*, octobre-décembre, 1967, 759-775

2 *Ibid.*, 765

3　*Ibid.*, 774

4　*Ibid.*, 773

5　*Ibid.*, 765

6　André Lalande: *Vocabulaire de la Philosophie*, PUF, 1962, 662, souligné par nous.

7　Jean de la Croix: *Cantique spirituel*, in Thérèse d'Avila, Jean de la Croix: *Œuvres*, Bibliothèque de la Pléiade, 720, souligné par nous.

8　十字架の聖ヨハネ『霊の賛歌』、東京女子カルメル会訳、ドン・ボスコ社、五六

9　クローデル『詩法』、渡辺守章訳、『クローデル／ヴァレリー』筑摩世界文学大系56、二三六

10　十字架の聖ヨハネ『暗夜』、山口女子カルメル会訳、ドン・ボスコ社、七五

11　同上、一五四

12　同上、八二

13　同上、九八

14　『流謫の詩』、渡辺守章訳、筑摩世界文学大系56、五 強調筆者

15　『真昼に分かつ』(第一版)、渡辺守章訳、筑摩文学大系56、七四 強調筆者

16　渡辺守章訳、前掲書、を元とする拙訳。

16bis　『即興の回想』でクローデルは、一八九五年から一九〇〇年の時期について、「この時期に自分の考えを占有していた宗教的召命の問題を正に反映しているのが、『流謫の詩』です」(*MI*, 120) と言い、それに対して、アムルーシュが、「しかし、注意深い読者なら、『東方所観』の詩の根底にも、一種の霊的道程とも言えるものが潜在しているのを見出せるように思われますが」(*MI*, 120) と言うと、クローデルは、一九〇〇年までの作品を収めた『東方所観』の第I部については賛同して、「当時私が考えていたのは、芸術を完全に放棄して、ひたすら修道生活に献身するということでした。それで、この時期の私の芸術的仕事の全ての根底には、そ

のことに関する、胸の疼くような(lancinante)思いが潜んでいます」(*MI*, 121 強調筆者)と語っている。本論では、そのような、同じ思いが微妙な形で潜んでいる同時期の他の作品を分析することは控えて、直接的にクローデルの内面が描かれている『流謫の詩』に集中して考察することにする。なお、この対談で、アムルーシュが『流謫の詩』のみならず、『東方所観』の根底にも見当たるとしている「霊的道程」(itinériare spirituel)こそ、われわれが、本論で、神秘家の道程と突き合せようとしているものである。

17 渡辺守章訳、前掲書、を元とする拙訳。
18 渡辺守章訳、前掲書、六
19 同上、七
20 同上、八
21 同上、七
22 Jean de la Croix:*Cantique spirituel*, *op.cit.*, 717
23 十字架の聖ヨハネ『霊の賛歌』、既出訳書、四三
24 十字架の聖ヨハネ『霊の賛歌』、既出訳書、一一三
25 Saint Jean de la Croix:*Cantique spirituel*, *op.cit.*, 749
26 *Ibid*, 701
26bis 既出訳書、一一二
27 十字架の聖ヨハネ『愛の生ける炎』、山口女子カルメル会改訳、ドン・ボスコ社、一一一―一一二
28 渡辺守章訳、前掲書、を元とする拙訳。
29 同上、四四
30 同上、四六
31 同上、三四

32　渡辺守章訳、前掲書、を元とする拙訳。
33　同上。
34　前掲訳書、二三六
35　同上、八〇
36　渡辺守章訳、前掲書、を元とする拙訳。

『百扇帖』と《普遍的詩学》

（本論で俳句について論ずる際、クローデルの時代の欧米での俳句の通称に倣って、「俳諧」と呼ぶことにする。）

はじめに――『百扇帖』に関わる二つの疑問

『百扇帖』という、あらゆる意味で独特な詩集は、詩人大使ポール・クローデルの日本滞在の結実そのものと呼ぶべき詩集である。

ところが、この詩集の制作の動機をなすものを考えるとき、二つの大きな疑問が生じる。

第一の疑問は、一九四二年にN.R.F. 社から出版された再版の序に、詩人自身が述べている、日本の《俳諧》に倣おうとした詩集、という動機の実質である。

今日、一六年の時を経て、我らがフランスの空の下に飛び立とうとしているこの『百扇帖』、これこそは、かつて日本で、俳諧の影を慕って、おこがましくも、その規範的作品集に加えてもらおうと試みた詩集なのである。[1]

以上のように、この序文では、詩人が俳諧から触発を受けた事実そのものは、明らかにされているが、受け止めたその触発の実質的内容そのものについては、何ら語られてはいない。

「序文」以外で、詩人が俳諧について言及するのは、駐日大使時代の一九二五年マドリッドで行った講演「日本文学散歩」(Une promenade à travers la littérature japonaise) の中で、俳諧と短歌をまとめて、日本の詩歌について述べた以下の箇所においてである。

日本人は、美術においてと同様、詩歌において、私たちとは非常に異なる考えを持っています。私たちは全てを言い、全てを表現することを考えます。(中略) 日本では逆に、書かれた頁の最も大事な部分は、常に余白 (vide) なのです。[2]

表現は、いわば、何でもない水面に大きな同心円を広げる指の一突き、感動の種子であり、音楽家が指で糸を弾いて出したたった一つの音が、少しずつ心と考えを満たすのです。[3]

このように、日本の詩歌は、短いがゆえに、余白が重要な部分をなし、それが暗示力をもたらすという特質が指摘されており、俳諧も、言うまでもなく、そのような特質に与っているわけである。[4]

しかし、日本の詩歌についてのこの説明を読んで、改めて疑問に思われてくるのは、俳諧が、日本の詩歌のそのような特質を分有するにしても、それでは、『百扇帖』の詩作の動機となったのが、なぜ短歌ではなく俳諧なのか？　当時の欧米での俳諧の表記の習慣であった三行詩の形式さえ守らない詩人が、俳諧から受け止めたという触発の本質は何であったのか？　『百扇帖』を満たし、詩人が「句」(phrase)と呼ぶ短詩の《俳諧性》とは何か？という疑問であり、それは、容易には解けないはがゆい疑問として残る。

『百扇帖』という詩集の制作の動機に関して残るもう一つの疑問、それは、この詩集の制作の原動力となっている詩学についてである。詩人自身によって明かされているのは、上に引用したような《空白》の詩学、あるいは、「序」において述べられているような、漢字に刺激されての西洋的表意文字の試み、墨書の使用であり、また題材としても、「香」、「墨」、「扇」、など、日本独自の文化的要素を取り入れており、この詩集の詩学は、まずは、《ジャポニスム的》と呼ぶのがふさわしいであろうが、実際にこの詩集を構成している詩作品には、そのような詩学に収まり切れない深く精神的、宗教的なものが少なくない。この詩集の《ジャポニスム的》詩学を補い、より深層において、原動力となっている詩学とはどのようなものか？というのが第二の疑問である。

この第二の疑問の解明については、その拠り所とするのに相応しいと思われる、一つの堅固なテクストが存在する。それは、一九二一年五月一七日、カトリック・ダンテ協会の会合に招待されたクローデルが、自作「ダンテ没後六〇〇年記念に捧げる頌歌」(*Ode jubilaire pour célébrer le six-centième anniversaire de la mort de Dante*)の朗読の後に行った講演を元に、一九二一年九月一〇日、「コレスポンダン」紙に発表した「ダンテについてのある詩への序論」(*Introduction à un poème sur Dante*[5] 以下、「序論」と略記)である。

この「序論」において、ダンテを範例としてクローデルが展開しているのは、カトリック詩人にとっての理想的詩学は何かという問題に他ならない。

そして、注目すべきは、この「序論」が執筆された時期で、詩人が大使として日本に着任したのは、一九二一年一一月であるが、「序論」は、同じ年の二か月前の九月に発表されたのである。それゆえ、詩人は、正に、ここに記されている詩学をカトリック詩人にとっての理想的詩学として胸に抱いて来日したのである。しかも、一九二七年二月に離日した詩人が九か月後の一一月に新任地アメリカのバルチモアで行った講演「信仰と詩」(*Religion et poésie*)は、今度は、ダンテという範例とは無関係に展開するものながら、そこで宗教的詩学のあるべき姿について語られる言葉には、「序論」とほとんど同じ表現が繰り返し用いられてさえいるのだから、「序論」に述べられている詩学こそが、滞日中の詩人にとって常に宗教的詩学の理想としてあったと考えられる。それゆえ、『百扇帖』において、いわゆる《ジャポニスム的》詩学を補い、より深層において原動力となっていた宗教的詩学の本質を「序論」のうちに探っていきたいと思う。

しかも、「序論」の宗教的詩学についてのわれわれの探求は、思いがけないことに、結局、われわれの第一の疑問、詩人が俳諧から受取ったという触発の本質は何であったのか？『百扇帖』の短詩群の《俳諧性》とはどこにあるのか？という疑問をも解明してくれることになったのである。

第一節　「ダンテについてのある詩への序論」――《普遍的詩学》(poésie catholique)

『百扇帖』という詩集において、《ジャポニスム的》詩学を補い、より深層において原動力となっている詩学とはどのようなものか、それを、「序論」に拠って、また、上に述べたように、時期的、内容的に「序論」と不可分のものと思われる「信仰と詩」をも参照しつつ考察しよう。

（一）詩の対象

ダンテという範例を通じて、クローデルは、カトリック詩人の特質を《普遍性》(catholicité) と規定する。それは、詩人が詩の対象とすべき被造物の《普遍性》を意味しており、先に『詩法』(*L'Art poétique*) において神の創造の法を探求したクローデルは、今、詩人の創造の法においても、中核をなすべきは、神の創造による被造物の《普遍性》である、と主張するのである。

第三のそして最終的な特質は、《普遍性》(catholicité) であります。真に卓越した詩人は、神から、非常に広大な表現対象を受け取っており、彼らの作品を満たすには、世界全体が必要なのであります。彼らの創作は、詩人が被造物全体(la creation tout entière)と対峙して捉えたひとつの像(image)であり、ひとつの見方(vue)なのです。[6]

ですから、詩の対象とは、良く言われるような、夢とか幻想とか想念などではなく、一度限りで与えられ、我々がその只中に置かれている、この聖なる実在(cette sainte réalité)なのです。それはまた見えないもののなす世界でもあり、その全てが我々を見つめ、その全てを我々は見つめているのです。その全てが神の御業(œuvre)であり、最も偉大な詩人にとって、物語や歌の汲み尽くせぬ題材となるものです。[7]

ここに述べられているように、カトリック詩人の詩の対象をなすべき《普遍性》とは、《見えるもの》と《見えないもの》が構成する《被造物全体》の汲み尽くせぬ全体性のうちに成立するものである。そして、この《見えるもの》と《見えないもの》が構成する被造物の普遍性の観念は、カトリック信仰の根幹をなし、ミサのたびに唱えられる「使徒信条」(*Credo*)の第一箇条「我は信ず、唯一の神、全能なる父、見えるものと見えないもの、全てのものの創り主を」に基づくものであり、「信仰と詩」においてもそのことが確認されている。[8]

「使徒信条」において《見えるもの》と《見えないもの》によって問題となっているのは、単に視覚だけではなく、広く《可感的なもの》と《可感的でないもの》の意味であることは言うまでもない。(クローデルは、その両者を、簡潔に「物(choses)と魂」(âmes)とも表現している。)[9]

さて、「序論」においては、《見えるもの》と《見えないもの》を貫通する被造物としての決定的本性が指摘されてもいる。

「なぜなら、名指しつつひとつひとつの存在を創造した神の口からは、永遠なるもの (l'éternel) しか産まれえなかったのですから。」[10]

被造物は、《見えるもの》も、《見えないもの》も、神の口から産まれ出たものとして、全てが永遠性に与っている、ということであり、その永遠性への与りは、それぞれの被造物において、いわば、《神の刻印》ともいうべき《意味》として存在することになる。実際、「序論」において、クローデルは次のように言う。

物 (chose) は、それが隠しもっている意味 (signification) に対して、任意の覆いを成しているわけではありません。物は現実に、それが意味するものの少なくとも一部をなしているのであり、むしろ、その意味が完全である時にのみ完全な存在になるのだ、と言うべきでしょう。[11]

ここで語られている、自然の中の物が隠し持っている《意味》、考えれば、それこそはまた、クローデルが、詩人としての出発点で出会ったランボーの詩が啓示したことでもあった。時代の支配的思想であった実証主義が抽象的因果関係に還元してしまうことによって《不在》[12]にしてしまった自然に対して、一八八六年、一八歳のクローデルが「ラ・ヴォーグ」誌に連載されたランボーの詩、特に『イリュミナシオン』所収の詩によって受けた啓示について、一九四二年、アンリ・ギュマンに説明した次の言葉は、上の「序論」の引用の内容と重なりつつ、より詳しく教えてくれる。

『物は物以上であり』、『証しをしており』、『表明をしており』、『何かの存在を覆いつつ明らかにしており』、『自然は超自然的である』ということ[12bis]

そして、真の宗教的詩人が詩の対象とするべき被造物の以上のような本質は、宗教的詩の表現そのものを根本的に決定することになる。

(二)　詩の表現——《普遍的詩学》

「序論」の最も重要な議論は、ダンテが、実際に体験したこともない《天》(le Ciel)について、想像力を逞しく描くことに、詩人としての正当性はあるのか、という、ダンテに対して投げかけられた疑問に対するクローデルの弁護の中にあり、また、そこに、この序論の最も重要な詩学が提示されることになる。

上記の疑問に対して、クローデルは、それは正当であると同時に有益でもある、われわれが神と、神の在す天を望むにしても、それについて、観念のみならず、可感的イマージュを持つことが出来なければ、どうして心の底から、腹の底から望むことが出来ようか?それこそが、受肉した永遠の叡智である御方がして下さった対応である、として、そこに、聖書の表現論が展開する。「序論」の中核をなすこの表現論こそは、神的存在についてのクローデル自身の詩的表現の原理となるはずのものである。

それこそは、永遠の叡智たる御方が、ご自身、受肉された時に果たして下さった対応なのです。主は、我々に対して、ひたすら譬え話（parabole）をもって語りかけられました。議論によってではなく、我々の周囲にあって、創造の日から語ることをやめないあの物たちを用いて、説明の言葉とされたのです。（中略）聖書が永遠の存在（réalité éternelle）を指し示すのに被造物を用いるのは、自分の持前のイマージュの中から運任せに選ぶ軽率な物書きのようにではなく、内的かつ本性的適合性（convenance intime et naturelle）によってなのです。何故なら、存在のひとつひとつを名指しして創造された神の口からは、永遠なるものしか産まれえなかったのですから[13]

じっさい、聖書の中には、「神の国を何にたとえようか。（中略）それはからし種のようなものである」（マルコによる福音書　4.30-31）のような直喩（comparaison）や、「私はまことの葡萄の木、私の父は栽培者である」（ヨハネによる福音書　15.1）[14]のような隠喩（métaphore）とを取り混ぜて、比喩（image）に満ちているが、それらの比喩が永遠の存在を指し示すことが出来るのは、両者の間に「内的かつ本性的適合性」が存在するからだ、とクローデルは言う。そして、そのような「適合性」は、比喩の道具となった被造物の《見えるもの》が含蓄している、永遠性に与る《意味》の存在によって成立するものに他ならない。

プレイヤッド版のプティとカルペリンによる注には、聖書における比喩表現についてのクローデルのこのような考え方は、後に「聖書の比喩的意味について」(*Du sens figuré de l'Écriture*) において再び取り上げられ、発展させられることになったものであることが指摘されており、それに続く後者のテクストからの次の引用は、「序論」における論とのつながりと発展の両方を簡潔に浮彫にしてくれる。

全ては象徴 (symbole) あるいは比喩 (parabole) である。(中略) 世界は散漫な語彙を構成しているのではなく、それは一篇の詩を構成し、一つの意味を持ち、ひとつの秩序を持ち、何物からか到来して、何処かへ行くものである。[15]

さて、「序論」と一体を成すと言っても良い「信仰と詩」の中で、真の宗教的詩の対象は、被造物の《普遍性》であることが語られている箇所に付けられたプレイヤッド版の注[16]には、このような《普遍的詩学》(poésie catholique) の概念は、「ダンテについての一つの詩への序論」にも見出されるものであることが記されているのだが、われわれは、本論において、被造物の《普遍性》に基礎を置く詩学として、「序論」の詩学全体に対して、この《普遍的詩学》という名称を適用したいと思う。そして、最後に、その《普遍的詩学》の内容を包括的にまとめたいと思う。

まず、クローデルは、ダンテが経験したこともない《天》について想像力をもって描く意義を弁護する中で、被造物の《見えるもの》が、その含蓄する《意味》と神的存在との「内的かつ本性的適合性」によって、後者の比喩的・象徴的表現となりうることを、聖書を典型的な例として説明している。そして、このような、被造物の《見えるもの》による神的存在の表現の可能性は、当然、被造物の《見えるもの》が、同様に、被造物の《見えないもの》に対しても、互いの《意味》の「内的かつ本性的適合性」によって、比喩的・象徴的表現となりうることを想定させる。実際、「序論」と不可分の「信仰と詩」の中には、次のような一節がある。

見えるものは、見えないものから切り離されてはなりません。その全体が神の世界を構成しているのであり、互いの間に明瞭なあるいは謎の関係を持っているのです。じっさい使徒は、前者によって後者の認識に導かれるのだと言っています。[17]

更には、「序論」で「創造の日から語ることを止めないあの物たち」[18]と呼ばれているものの「隠し持っている意味」[19]の表現が想定される。

要するに、「序論」の《普遍的詩学》の表現は、基本的なものから順に列挙すると、次のような三種となる。

第一種：被造物の《見えるもの》による、その《意味》の表現

第二種：被造物の《見えるもの》と《見えないもの》の間の《意味》の《内的かつ本性的適合》に基づく、前者による後者の比喩的・象徴的表現。

第三種：被造物の《見えるもの》の《意味》と神的存在との《内的かつ本性的適合》に基づく、前者による後者の比喩的・象徴的表現。

このような《普遍的詩学》においては、表現の中核的手段は、常に、被造物の《見えるもの》であり、その表現の焦点は、常に、現実の表層にではなく、より深い内的《意味》に、更には神的存在そのもののうちに在る。[20]

「序論」が書かれたそもそもの契機である「ダンテ没後六〇〇年記念に捧げる頌歌」の一節で、クローデルは、ダンテに対してベアトリーチェに次のように語らせている。

シーザーにとって世界を手放すことは難しいことですが、詩人にとって、その全てを捉えないうちに、世界の書き表しているもの(cette écriture du monde)を手放すことは、一層難しいことです。世界は、あなたなしに始まりましたが、あなたも知る通り、あなたなしでは終結しえないのです。(中略)神の栄光を明かし、説明すること、それこそが、被造物が本来目的としていることなのです。[21]

普遍的詩学の究極的目的は、ここでベアトリーチェが語るように、《世界の書き表しているもの》を完全に捉え、それを通じて、神の存在と栄光を完全に説明することなのであろう。

第二節　俳諧との出会い

『百扇帖』の序文では、この詩集の制作の動機となったという《俳諧から受けた触発》の内実が不明であるが、前節でみたような《普遍的詩学》を、自身の最も本質的詩学として抱えている詩人が、日本到着後、俳諧と出会ったとき、俳諧から受取った触発はどのようなものでありえただろうか？という形で、問題を設定したいと思う。

すると、そこに、思いがけない内実が浮かび上がって来た。

それは、《普遍的詩学》の表現の中核をなす、被造物の《見えるもの》と、俳諧における《季語》との重なりによる触発である。

季語は周知の通り、俳諧の連歌の発句から発生した由来から、連歌に一定の統一性をもたらすために、発句には、季節を表す語を必ず一つ置かなければならない、という規定から産まれたものであり、[22]その内実は、人事その他、多岐にわたるが、自然の事物が多くを占めることも周知のことである。

実際、クローデルが「座右の書」[23]と呼び、俳諧について学ぶ唯一の拠り所とした[24]ミシェル・ルヴォンの『日本文学選』(*Anthologie de la littérature japonaise*)[25]の俳諧についての節において、他の俳人が全て、一句から精々二、三句の例句しか掲載されていないのに対して、「正にこの文学ジャンルを、その頂点へと導いた俳人」[26]として、例外的に二一句掲載された芭蕉の例句においても、自然の事物ではない季語の句は、一〇番目の句「麦めしにやつるる恋か猫の妻」[27]と、二〇番目の句「家はみな杖に白髪の墓参り」[28]の二句のみである。

ルヴォンの本によって俳諧に触れたとき、クローデルの脳裏において、*Credo* の被造物の《見えるもの》と、自然の事物を表す《季語》とが重なり、融合したのではないだろうか？そして、俳諧のような簡潔な形に収められるがゆえに、ある意味では、より純粋で、より力強い様相のもとに、《普遍的詩学》の作品を創る可能性を追求したいという欲求を感じたのではないだろうか？

『百扇帖』の制作の動機が、なぜ短歌ではなく、俳諧から受けた触発であったかは、前者には存在せず、後者においては必須の要素としてある《季語》の存在によると考えられるのではないだろうか？

また、当時の欧米の俳諧制作の習慣であった三行詩という形式を守ることさえしない詩人の変わった流儀の俳諧の《俳諧性》は、被造物の《見えるもの》としての《季語》のうちにあると言えないだろうか？

そして、このような内実の《俳諧から受取った触発》によって産まれた作品群が、「はじめに」の節の問題設定において、ジャポニスムの詩学に収まりきれないと思われた作品群なのではないだろうか？

さて、いま、俳諧の《季語》の存在を通じての立論が一応の結論に至ったところで、この立論の一つの問題点に触れなければならない。

それは、非常に意外なことに、クローデルが俳諧理解の拠り所としたルヴォンの『日本文学選』をも含めて、欧米の俳諧紹介の歴史において、《季語》の用語と概念は、正式に取り上げられることのないまま長い時間が経過したという事実であり、フランス俳諧の専門家の金子美都子氏の御教示によると、欧米系の俳諧(俳句)紹介で、《季語》に触れられたのは、一九四九年から一九五二年にかけて出版された

R.H. ブライスの『俳句』[29]が最初であり、フランスのコンラッド・メイリの一九五一年の小論[30]がそれに続くとのことである。
それでは、クローデルが俳諧から受取った触発についてのわれわれのここまでの、《季語》を中心とする立論は崩れ去るであろうか？

あえて、「否である」、と言おう。

クローデルは、一九二五年のマドリッドでの講演「日本文学散歩」において、「私は英国人が学者(scholar)と呼ぶような極東の専門家ではありません。(中略) 私は、系統的な研究をしたことがありませんし、この国についての私の知識は全て、自分を浸るがままにした雰囲気から結果するものです。」[30bis]と自ら言っているが、その日本理解全体の共通の様相を、《必ずしも十分でない知識と、それを補って余りある、詩人としての驚くべき直観》と言えるだろう。

そして、俳諧の《季語》の理解において、正にその様相が現われているのが、詩人が俳諧について正面から語った唯一の言葉である「日本文学散歩」の中の次のくだりである。


要するに、優れた俳諧とは、本質的に、一つの中心的イマージュと、そのイマージュが精神に与える響きと、そして、言葉にされるか、暗黙のものかはともあれ、そのイマージュが包まれている一種の霊的・精神的後光(auréole)のようなものからなるものです。[31]

「一つの中心的イマージュ」とは、実際上、俳諧に必須の要素として、各句に一つ置かれる季語以外のものではありえない。クローデルは、「季語」という用語も概念も学者的には知らなくとも、詩人の直感によって、それを、俳諧に必須の中心的要素として認識していたというべきであろう。しかも、その「中心的イマージュ」は、しばしば、自然の事物を表していたのである。

そのような詩人の直感による季語の実質的認識を考えたとき、詩人が俳諧に出会ったとき受け取った触発の内実についての上記の推測は、《実質的に》成立していると言えるのではないだろうか？[32]

また、上の引用文の「そのイマージュが包まれている一種の霊的・精神的後光のようなもの」という言葉が注意を引く。イマージュから射す一種の霊的・精神的な光は、《普遍的詩学》において、被造物の《見えるもの》が含蓄し表現している永遠的な《意味》に通底していると感じられる。

そのように考えてくると、ここに提示されている俳諧像全体が、詩人のうちでは、《普遍的詩学》と渾然一体となっているのが感じられる。

また、この言葉を巡って、俳諧に対する詩人の直感の驚くべき鋭さの例証として、ルヴォンが掲載していないので、詩人が決して知ることのなかった筈の芭蕉の言葉をあえて突き合わせてみたいと思う。

それは、『赤冊子』に記された芭蕉の有名な言葉「物の見えたる光いまだ心に消えざる中(うち)にいひとむべし」という言葉である。この書の註解者の井本農一氏によると、[33]「物の見えたる光」とは、物の本質のことであるそうであるから、詩人の言う、中心的イマージュ、すなわち季語から射す、「一種の霊的・精神的後光」は、芭蕉の言う「物の見えたる光」と深く通底していると感じられる。また、逆に、詩人の論を追ってきた者にとっては、芭蕉がこのように言うとき、芭蕉にとって、「物」すなわち季語は、現実の表層の写生の道具ではなく、一種の象徴となっているのであろうと思わせせられるところである。

詩人が特定の季語表現に感銘を受けたことを示す痕跡と思われるものが、一つだけ残されている。それは、『朝日の中の黒鳥』(*L'Oiseau noir dans le soleil levant*) 一九二七年の初版で、「炎の街を横切って」(*A travers les villes en flammes*) の文の最後に置かれた次の「俳諧」である。

俳諧

一九二三年九月一日の夜、東京と横浜の間で。

私の右にも左にも存るのは燃える街　だが雲間の月は七人の白衣の女性のごとレールに頭を載せ、私の体は震える大地と一つになり、今年最後の蝉の声を聞く海の上には光の七つの音節、乳の一滴[34]

震災当日、逗子で夏休みを過ごしていた長女マリの身を案じて、車で出発したクローデルは、多摩川にかかる橋が壊れていたので、車を捨て、線路伝いに歩き、その晩は、線路沿いの土手で野宿をすることになった。上記の「俳諧」は、その際に作られたものである。

ルヴォンの『選集』には、蝉の季語、しかも蝉の声が登場する句としては、蝉の声が、命の旺盛さと、それと裏腹の、命の儚さを同時に象徴する、芭蕉の名句「やがて死ぬけしきは見えず蝉の声」が掲載されている。自分自身も含めて、全ての人の命が脅かされている状況の中で、詩人は、「最後の蝉」の声を聞きながら、あの名句を大きな感銘をもって思い出していたに違いないと思われる。

その感銘は、この短詩を「俳諧」と題するための大きな動機となったことであろう。しかし、詩形としては、「俳諧」と名付けるには、余りに長く、この時期、詩人が俳諧の《季語》から受けた触発は、自分自身の流儀の《俳諧》を産み出すためには、まだ十分成熟していなかったことが窺われる。そして、それが、恐らく、詩人が、『朝日の中の黒鳥』の以後の版からは、この「俳諧」を削除することになった理由でもあるだろう。成熟のためには、『百扇帖』の多くの「句」(phrase)が産み出された一九二六年頃まで待たなければならなかったのであろう。

さて、最後に、詩人が日本文化から受取った触発で、俳諧の《季語》から受取った触発と不可分なものとして、詩人の《普遍的詩学》としての俳諧を産み出すことに与ったに違いないものに目を向けたいと思う。

『朝日の中の黒鳥』に所収の一篇「日本的魂への一瞥」(*Un regard sur l'âme japonaise*)の中で、クローデルは、日本の神仏習合の宗教事情の中にあって、日本人の宗教性の真の特質をなすものはなにか、を自身の経験から追求した結果、次のように結論づける。

ですから、日本における超自然は、決して自然と別ものではないのです。それは、文字通り、自然の上にあるものであって、生(なま)の実在が意味の領域へと移されて、高次の真理として認められる、まさにそういう領域のことなのです。[35]

本論第一節で、クローデルが、詩人としての出発点で出会ったランボーの『イリュミナシオン』の詩群が与えた啓示、《普遍的詩学》の基礎を成したと言っても良い啓示について一九四二年にアンリ・ギユマンに語った次の言葉を引用した。

『物は物以上であり』、『証しをしており』、『表明をしており』、『「何かの」存在を覆いつつ明らかにしており』、『自然は超自然である』ということ。[35bis]

もちろん、日本人独特の宗教的自然感情には、キリスト教におけるように、人格神としての創造主の存在は含まれないという違いはあるが、「『自然は超自然的である』ということ」と語りつつ、詩人の脳裏には、日本人に独特の《超自然的自然》の宗教感情が思い合わされていたに違いない。ということは、逆に、日本滞在時に、日本人における《超自然的自然》の宗教感情に絶えず触れることは、詩人を触発して、ランボーによって与えられた《超自然的自然》の感覚を絶えず再覚醒させせられていたであろう、と思われる。

俳諧の季語のうちに、《普遍的詩学》における、被造物の《見えるもの》の役割について触発を受けた詩人は、同時に、日本人の宗教的自然感情との接触によって、その被造物の《見えるもの》を、《超自然的自然》の感覚を以て捉えるよう促されていたというべきであろう。

第三節　『百扇帖』における例句の検証

本節においては、『百扇帖』の「句」(phrases) において、《普遍的詩学》に属すると思われる例句を検証する。それらの例句においては、表現の焦点をなす内的《意味》は、鮮明に表れている場合も、半分隠れている場合もあるが、いずれにせよ、実質的に季語と重なる、被造物の《見えるもの》を中心的イマージュとして、本質的に《普遍的詩学》に属すると思われる姿勢の作品群である。

合計四八句、全一七二句のうちの四分の一を超える。第二節で見た《普遍的詩学》の表現の三種類について、例句を挙げると共に、各種類について、典型的な二句を取り上げ、《普遍的詩学》の観点を中心に検討することにする。

註解については、主として、ミシェル・トリュフェ[36]と栗村道夫[37]のものを参照して行く。

第一種：被造物の《見えるもの》による、その《意味》の表現

第一種の例句：句番号（掲載順）

1, 2, 15, 20, 21, 23, 24, 31, 37, 43, 47, 52, 60, 72, 94, 114, 127, 128, 133, 145, 151

例句20　Seule/la/rose//est/assez fragile/pour exprimer/l'Éternité[38]

「永遠を表すに能うは一輪の脆き薔薇のみ」[39]

『百扇帖』の中でも、中心的イマージュが表す《意味》が、これほど鮮明な句は、他にないと言えるだろう。両注釈者も言うように、このような、被造物における永遠性と脆さの結合のテーマの先駆けをなすものは、すでに一九一二年作の「三声によるカンタータ」（*La cantate à trois voix*）の中の「薔薇の賛歌」（*Cantique de la rose*）の次のくだりなどに表れていた。

永遠であるのは、薔薇ではなく、ただ一瞬嗅いだその香りなのです！（中略）一年の真只中にあって、この永遠の瞬間は脆く、極限状態に吊り下がっているのです。[40]

しかし、詩人が例句におけるように、このテーマを明確に意識するためには、日本の美術との出会いが大いに貢献したことは、栗村が、この例句を良く説明するものとして引用している『朝日の中の黒鳥』

の中の「日本的魂についての一瞥」の次の文章が証明している。

あの偉大な芸術家たちは、(中略)正に、最も壊れやすいもの、はかないもの(中略)を描いたのです。一羽の鳥や蝶、それどころか、咲こうとしている花、落ちようとしている葉を描いたのです。彼らは、それらの全てに(中略)永続することを命じたのです。物は、今後は、その移ろいやすい存在のうちにあったまま、生き生きとして、不滅の、壊れないものとして我々の前にあるのです。[41]

このように描かれた日本の絵画が、今度は詩人が現実の薔薇を前にしたとき、その内的《意味》として永遠そのものを感じ取ることを教えたのであろう。

また、この句の《薔薇》(rose)には、詩人にとっての《運命の女性》、その人との愛と葛藤と和解の全てを劇『真昼に分かつ』に昇華させた、あのロザリーのイマージュが重なっており、句全体が、その人へのオマージュとなっていることも確かである。実際、詩人は、この句と、同じく薔薇を中心的イマージュとする第二三句と、その二句を墨書して、『百扇帖』が刊行される前の、一九二七年七月に、彼女に贈呈している。[42]

『百扇帖』を構成する全一七二句の中でも、その美しさと深さによって、最高傑作の一つと言うべきであろう。

例句145：La/nature//en grands vers/articule un texte/solennel et douleureux
「自然は大いなる詩句によりて厳粛にして悲痛なる文を草す」[43]

二人の注釈者が揃って指摘するように、この句の表現には、一九二三年一月二〇日の「翁」と「羽衣」の観能の経験が関わっており、詩人は、能の朗誦の印象を、日記に次のように記しているのである。

厳粛にして悲痛なる文(texte solennel et douleureux)の朗誦のような、ゆっくりと一音一音発声される長大な詩句(grands vers)の荘重さ[44]

下線の表現は、この句にそのまま取りこまれており、自然というテクストを前にして、詩人は、あの能の朗誦のような調子で、読み上げようとしているのであろう。

しかし、自然についての「悲痛なる」テクストという表現は、キリスト教の文脈において、特別な意味を持つことは、栗村の注釈が指摘する通りである。[45]自然のテクストが厳粛であると同時に「悲痛」なのは、聖パウロが「ローマ人への手紙」(八章二二節)に述べるように、被造物全体が、終末の復活の栄光に与るまで、いわば産みの苦しみの中にあるからである。

そのような「厳粛にして悲痛なる」テクストとして自然を読み解こうとしている詩人の姿は、本論第一節で引用した、「ダンテ没後六〇〇年記念に捧げる頌歌」でベアトリーチェに語らせている詩人像に呼応していると思われる。

詩人にとって、その全てを捉えないうちに、世界の書き表しているもの (cette écriture du monde) を手放すことは、一層難しいことです。世界は、あなたなしに始まりましたが、あなたも知る通り、あなたなしでは、世界は終結しないのです。[46]

第二種：被造物の《見えるもの》と《見えないもの》の間の《意味》の《内的かつ本性的適合》に基づく、前者による後者の比喩的・象徴的表現

第二種の例句：句番号 (掲載順)

2, 6, 14, 25, 29, 36, 86, 96, 98, 151

例句 14　La /pivoine// et cette rougeur/en nous/qui précède/la pensée

「牡丹花　しかしてわれらが内にありて思考に先立つこの赤み」[47]

この句について、両注釈者とも、一九二六年の「詩人と三味線」の中に、この句と非常に近い次のくだりがあることを指摘する。

牡丹の白い花びらの奥から、魂に先立つあの赤み（cette rougeur par qui l'âme est précédé）が発するものを吸い込む[48]

また、栗村の註解には、この句が決定稿の段階で、cette rougeur の後に《en nous》が挿まれて、「われらが内にありて思考に先立つこの赤み」[49]となって、赤みが牡丹のうちにあるものから、我々人間のうちにあるものとなったことが指摘されている。また、この変化によって、句のほうの牡丹はもはや白牡丹ではなく、「赤み」（rougeur）を通して我々の内面とつながっている紅牡丹を意味することもわかると言える。また、トリュフェは、結論的に、「詩人と三味線」のくだりからこの句への内容の変化を、後者における「自然と精神とのより《絶対的な》近接性」[50]の主張にあると言う。

これらの注釈者の説明を総合したうえで、改めて考えてみよう。「われらが内にありて思考に先立つこの赤み」とは何であろうか？それは、あの「流謫の詩」（*Vers d'exil*）で、詩人が、「我のうちにあって我よりも我なる御方」[51]と呼ぶ「御方」の愛が、我々の内奥に灯す愛の「赤み」、そして、「思考に先立って」魂が認識するその「赤み」ではないだろうか？そして、われわれが、紅牡丹に促されて内奥の「赤み」に気づいたとき、改めて紅牡丹を見るならば、その奥に、今度は、内奥の「赤み」に通じる何かを感得するのではないだろうか？トリュフェの言う「自然と精神とのより《絶対的な》近似性」がそこに確認されると思われるし、その時、紅牡丹は精神の内奥に存在するものの象徴となりえているのである。

例句86 L'/automne// aussi/est une chose/qui/commence
「秋もまた始まらんとするもの」[52]

この句については、両註解者が、この句を良く説明するものとして引用しているように[53]、日本滞在時の恐らく一九二六年七月頃に作ったと推定されている詩[54]「賢者シエン・ユアンの解答」(Réponse du sage HSIEN YUAN)の次の部分に拠るべきだろう。

そして今や私の注意は、まさに私と名付けるしかないもののほうに引き付けられている。全てが私の周囲で成熟するのを認めざるを得ないではないか?(中略)どうして我々は、全てが終わろうとしていると言うのか?我々の周りで全てが成熟しつつあるのに?希望と喜びを以て、私は大いなる冷気に身を託す。[55]

詩人を囲む秋の大いなる自然の成熟は、人生の秋にあり生涯の問題を集大成的劇作『繻子の靴』に昇華し終えた詩人の魂と響き合い、今が終わりへ向かう時ではなく、新たなる成熟の始まりの時であることを告げているのである。

第三種:被造物の《見えるもの》の《意味》と神的存在との《内的かつ本性的適合性》に基づく、前者に

よる後者の比喩的・象徴的表現
第三種の例句：句番号（掲載順）
12, 16, 17, 19, 42, 53, 93, 103, 107, 118, 119, 120, 136, 153, 156, 162, 166

例句93　J'/écoute/ / le torrent/qui se précipite/vers/sa/source
「我は聴く　源へと急ぐ奔流の音を」[56]

この句を読むとき、「源」が単に、奔流の水源を指すのではないことに、読者は直ぐ気が付き、それが何であるのかの究明へと導かれる。

実は、この句の説明に当たる言葉が日記の中に見出されることが、日記の註解のほうに記されており、両註解者もそれを参照している。[57]

川はその源に向かって遡るのではなく、そこに降るのである（海）[58]

この日記の文を参照することによって、「源」とは海を指しており、その海は、存在の「源」、万物の根源である創造主の象徴であることがわかる。被造物は全て創造主への方向（sens）のうちに意味（sens）を持つものであることは、『詩法』の第一論文の論点の一つであるが、この句は、奔流の動きのうちに、そのような、被造物の持つ創造主への本質的方向性を象徴的に表現している。その奔流の立てる音を聴いている「我」は、万象のうちに、創造主へ向かって持つ意味を聴き取ろうとしている詩人の肖像そのものであろう。

例句103 Une belle journée/d'automne//est comme la/vision /de la Justice
「秋晴れの一日は　神の正義の有様の如し」59

秋晴れの染みこむような日差しは、全ての存在を明確に示すと同時に、温めもする。このような秋晴れの一日が、詩人の思いを、世の終末における審判の時へと誘う。その時には、全てが絶対的に明確に示され、裁きが下されるであろうが、また同時に、全ては神の愛熱に包まれて行われるであろう、という希望が詩人を包んでいる。人生の秋にあって、例句86におけるように、新たな成熟への希望に満たされていた詩人は、人生の終わりも、更には、それを超えての世の終末をも、驚くべき晴朗さをもって望んでいるのである。

第四節　最晩年のエッセー「熱中」――驚きと感動

われわれは、以上のような論の問題設定、分析、検証のプランの準備をほぼ終え、いよいよ執筆にとりかかろうという段になって、ある偶然から、詩人の最晩年のエッセーの中に、驚くべきテクストに出会うことになった。「驚くべき」というのは、われわれが本論で辿ってきた考察の最も本質的な道筋が、そこに詩人自身によって語られていたからである。

それは、詩人八五歳の一九五三年七月にジャン＝ルイ・バローに捧げて書き、プレイヤッド版散文編の文字通り最後に収められているエッセー「熱中」(L'Enthousiasme) の中に見いだされるテクストで、われわれは、本論に関係の深いランボーの索引を念のため調べていて、偶然、その索引の頁の、後に始まる部分に、それを見出したのである。

このエッセーのテーマ「熱中」とは、《魂に火が点く》現象のことである。

人間の魂は火が点くことがあるものである。魂はそのためにのみ創られている。そして事が起こると、すなわち、人も言うように、「霊が魂の上に降りる」と、魂は大きな喜びを感じ、大きな叫びを上げる。[60]

この現象を、詩人はまた「聖なる火」(feu sacré)[61]とも「呼び声」(appel)[62]とも呼び、様々な例を挙げた最後に、自分自身に起こったそのような体験を語り始める。問題のテクストは、そこに見出されるのである。

耳を傾けなかったのは彼らのほうであるのに、ロマン派の人々は、あまりに長い間、被造物は黙して語らないものであると我々に信じさせてきた。しかし、被造物全体が言葉であり、言語であり、談話であり、劇であり、物語であり、議論であり、歌であり、音楽なのである。しかし、マルセイユから日本に行く旅人は、そのような音楽を六オクターブもの鍵盤を使って速やかに弾きこなす名手となり、そのような言葉の全音節文字と成り変わり、壮大な全半音階そのものとなるのだ。すべての被造物は語っており、それは、御方について語っているのであり、御方へと語りかけていることを理解するのは一度で十分である。被造物は、互いに語りかけ、また、それは、互いの全てについて、神に語りかけているのだ。[63]

「マルセイユから日本に行く旅人」の「旅人」は、『百扇帖』の第二四句、「旅人よ近づきこの香りを嗅げ　汝を全ての動きから癒さん」[64]を思いださせずにはいないが、「被造物全体が言葉であり」、「御方について語っているのであり」、「被造物は互いに語り掛け、また、それは互いの全てについて、神に語りかけているのだ」と言う、正に《普遍的詩学》の歌を、マルセイユから日本へ旅する者は、「六オクターブもの鍵盤を使って両手で速やかに弾きこなす名手」となると言うとき、詩人は、『百扇帖』の中に、そのような歌を十二分に書き止めたという自負の念を表明していると同時に、また、それを、自分自身の「魂に火が点いた」特別な経験として語っているのである。

マルセイユから日本に来た旅人に《普遍的詩学》の歌を歌うべく「火を点けた」のは何であっただろう

か？それは、第二節でも見たように、おそらく、*Credo* の被造物の《見えるもの》と重なるものとしての、俳諧の自然に関する季語がもたらした触発であっただろうし、また、日本人独特の宗教的自然感情が、ランボーの詩から詩人が受取った《超自然的自然》の感覚を絶えず再覚醒させていたという事実であろう。[65]

また、「序論」と不可分な「信仰と詩」の中で、詩人は、以下のように、信仰が詩にもたらす第一の良きものとして「賛歌」(louange) の存在を挙げて、聖フランシスコの「太陽の賛歌」を例に引いているが、『百扇帖』の中の《普遍的詩学》の句群は、詩人にとっての《被造物賛歌》の成就であったともいえよう。

賛歌は恐らく詩の最大の契機をなすものでしょう。なぜなら、それは、魂の最も深い欲求の表現であり、喜びと命の声であり、全ての被造物の責務であります。(中略) 偉大な詩というものは、ベーダの賛歌から聖フランシスコの「太陽の賛歌」に至るまで、賛歌であります。[66]

「熱中」の中の右記のテクストに出会い、それまで論を組み立てて来ていたわれわれは、その本質的筋道が詩人の中に確かに存在したことを確認することが出来て、大いに安心し喜ぶと同時に、このテクストの中に、最晩年の詩人が、「マルセイユから日本への旅人」として、日本文化との接触がいかに良き触発をもたらしたかを、強い実感をもって語っていることに感動を禁じ得なかった。

結論――『百扇帖』と日本文化が詩人にもたらした二系統の動機

実際の『百扇帖』は、日本文化が詩人にもたらした二系統の動機の総合の産物である。

第一の系統は、「はじめに」に述べたように、日本の短い詩歌の《空白》による暗示の詩学、漢字に刺激されての西洋的表意文字の試み、墨書の使用、その他、日本独特の文化的要素が触発として働いており、一言に《ジャポニスム的》動機と呼ぶべきものである。そして、「はじめに」の注でも述べたように、詩人にとっては、この動機の原点には、師マラルメの《空白》による暗示の詩学があった。

そして、第二の系統は、*Credo* の被造物の《見えるもの》と重なるものとしての俳諧の自然に関する季語に触発されたもので、その場合、季語は、ジャポニスム的要素ではなく、普遍的な文学的要素としてある。そして、詩人にとっては、この系譜の原点には、ランボーから受け取った《超自然的自然》の啓示があった。

詩人が、この二つの系統の動機を総合して、あの『百扇帖』という独特の素晴らしい詩集を産み出したことを考えるとき、その動機の両方を詩人にもたらした日本文化に属する人間として、われわれは、大きな幸いを感じずにはいられない。

[注]

クローデルの著作については、次の略号を用いる。

J I, II　*Journal*, Gallimard,《Bibl.de la Pléiade》, tome I:1968, II:1969
Po　*Œuvres poétique*, Gallimard,《Bibl. de la Pléiade》, 1967
Pr　*Œuvres en prose*, Gallimard,《Bibl. de la Pléiade》, 1965

1　*Po*, *Cent phrases pour éventails*, 699
2・3　*Pr*, 1162
4　「散歩」の冒頭には、極東の生活体験は全くないながら、誰よりもよく極東に触れたとさえ言って良いフランスの賞賛すべき芸術家として最初にマラルメの名前が挙げられ、その詩が引用されているが（*Pr*, 1154）、大出敦氏が指摘する通り、日本の詩学における「余白」の意義についてのこのような認識は、クローデルにとっては、マラルメの暗示の詩学と通底するものとして捉えられているものだった。
Cf. 大出敦「無に至る詩―クローデルと俳諧」、*L'Oiseau Noir*, XV, 2009, 35-59
5　*Pr*, 423-434
6・7　*Pr*, 423
8　*Pr*, 58
9　*Pr*, 426
10　*Pr*, 428
11　*Pr*, 428
12　Henri Guillemin, *Le*《*Converti*》*Paul Claudel*, Gallimard, 1968, 24-25
二重カッコの中の言葉は、全て、クローデル自身の用いた言葉である。
13　*Pr*, 427-428
14　聖書の引用は、基本的『聖書』新共同訳、日本聖書協会、一九八八に拠る。

15 *Pr*, 1455

16 *Pr*, 1416

17 *Pr*, 58

18 *Pr*, *op.cit.*, 428

19 *Pr*, *op.cit.*, 428

20 既に、一九〇六年の第二頌歌「聖霊と水」(*L'Esprit et l'Eau*) は、《普遍的詩学》の第三種に属する作品と言えようし、後の一九三五年の『オランダ絵画論』、一九四六年に『目は聴く』(*L'Œil écoute*) の題の下に出版された絵画論は、《見えるもの》を通じて《見えないもの》を聴きとろうとする美学として、《普遍的詩学》に深く通じるものであると言えよう。

21 *Po*, 683

22 *Cf.*『俳諧大辞典』、明治書院、昭和六六年、第二四版、一一四六―一一四七「季語」、『俳文学大辞典』、角川書店、平成七年、二〇一―二〇二

23 *Pr*, 1118《*L'Anthologie de la littérature japonaise* qui ne quitte jamais ma table de travail》

24 クローデルと俳諧の接点として検証できるのは、ルヴォンのこの書のみである。フランスに最初に俳諧を紹介したポール＝ルイ・クーシューの『アジアの賢人と詩人』や、一九二〇年の『新フランス評論』誌九月号の「俳諧特集」や、ジャン＝リシャール・ブロックが一九二四年に『ヨーロッパ』誌七月号に掲載した「日本の俳諧のために」の一文、更には、一九二六年刊行のアンドレ・シュアレスの『西洋の俳諧』についても、一切の言及はない。クーシューの本は、クローデルの蔵書にあるが、ベルトロ夫人への献辞があり、切られている一四六頁までを読んだのが、クローデルかどうかは分からない。*Cf.* 中條忍「ポール・クローデルと俳句のかかわり」『流域』No.七六、二〇一五、三三―三四

25 Michel Revon :*Anthologie de la littérature japonaise*, Delagrave, 1910

クローデルが使用したのは、一九一八年出版の第三版。筆者は、フランス俳諧の歴史の専門家の金子美都子氏の所有される一九二八年出版の第六版を参照させて頂いた。同氏には、様々なご教示を頂いたことを、ここに深く感謝申し上げる。

26　*Ibid.*, p.382《Bashô, c'est-à-dire justement qui amena ce genre à son apogée》

27　フランス語訳：Est-ce le riz mêlé d'orge, / Est-ce l'amour, qui rend si maigre/ La femme du chat ? 本句と次句の日本語の原句との対照は、金子氏にご教示頂いた。

28　フランス語訳：Toute la famille ;/ Sur le bâton（appuyé）, en cheveux blancs, / Visitent les tombeaux !

29　Reginald Horace Blyth, *Haiku*, 4 vols, Tokyo, The Hokuseido Press

30　Conrad Meili :*Le Haiku et le sentiment de la nature*, Cahiers du Sud, n° 305, Tome XXXIII, 1er septembre 1951

30bis　*Pr*, 1155

31　*Pr*, 1164

32　《季語》は、『百扇帖』と俳諧の関係についての研究において一つの盲点となっていると思われる。後述の『百扇帖』の注釈者ミシェル・トリュフェ氏は、フランス人として、「季節の変化に敏感な日本的伝統」に言及するに留めている（後述書 p.80）のに対して、日本人の注釈者は、日本人の常識として、しばしば季語に言及するのが見られるが、クローデルと季語の関係は、上述のような実質的かつ微妙なものであったと思われる。

33　『校本　芭蕉全集』第七巻　俳論編　角川書店、昭和四一年、一七八

34　*Pr*, 1545 拙訳

35　Henri Guillemin, *op.cit.*, 24-25

35bis　*Pr*, 1126-1127

36　Michel Truffet, *Edition critique et commentée Cent Phases por Eventails*, Les belles Lettres,《Annales littéraires de Besançon》、1985

37 栗村道夫：『百扇帖』注釈
（その1）*L'Oiseau Noir* VI 1990,（その2） L'O.N. VIII, 1995,（その3）L'O.N.IX, 1997, （その4） L'O.N. XI, 2001,（その5）L'O.N. XII 2003,（その6）L'O.N.XIII, 2005,（その7）L'O.N. XIV 2007,（その8） L'O.N. XV 2009

38 ／は行替え、//は、左部分から右部分への移行を表す。

39 拙訳

40 *Po*, 336-337 拙訳

41 *Pr*, 1129

42 栗村前掲論文、L'O.N. VIII,（その2）、三四

43 木村太郎訳

44 *J* I, 574 下線筆者

45 栗村前掲論文、L'O.N. XIV（その7）、一五一

46 *Po*, 683

47 拙訳

48 *Pr*, *op.cit.*, 835、傍線筆者

49 栗村前掲論文、L'O.N. VIII,（その2）、二一、傍線筆者

50 Truffet, *op.cit.*, 74

51 *Po*, 18

52 栗村道夫訳

53 M.Truffet, *op.*, *cit.*, 102, 栗村前掲論文、L'O.N.XII,（その5）、七三—七五

54 栗村前掲論文、七三—七四

55　*Po*, 974-975
56　*Po*, 725 拙訳
57　*J* I, 1356, n.3 *Cf.*, M.Truffet, *op.cit.*, 105　栗村前掲論文、L'O.N. XIII、（その6）、二三
58　*J* I, 614
59　拙訳
60　*Pr*, 1392
61　*Pr*, 1392
62　*Pr*, 1395
63　*Pr*, 1396
64　*Po*, 707 拙訳
65　一九二三年、クローデルは、自作の『聖ジュヌヴィエーブ』の出版祝賀会で、「日本の古い詩歌は、（中略）被造物の普遍の諸相を描き、ほとんど目立たない方法で、その永遠の意図を差し示すことを目的としています。」(*Po*, 1140 拙訳）と言っているが、日本の詩歌のこの様相は、とりわけ、俳諧に当てはまると言えるのではないだろうか？
66　*Pr*, 63

最終講義　ろくろ首の話
――わが愛するフランス文学・哲学・研究――

（二〇〇九年三月二八日）

はじめに

今日の最終講義の題は「ろくろ首の話」、そして副題は「わが愛するフランス文学・哲学・研究」といたしました。

まず始めに、この最終講義の構成のお手本となったのは、私のベルクソン研究の師である澤瀉久敬先生の、大阪大学を定年になられた時に、日仏会館でなさった記念講演「わたしの恋びとフランス哲学」です。先生は一人の哲学について詳述するのではなく、長年研究されたフランス哲学の、先生にとって魅力的な様相を、あれこれの哲学者にそって辿る、という構成でこの講演をなさいました。

そこで、私は今日、フランス文学・哲学・研究において、自分にとって魅力的な様相を様々な文学者・

哲学者・研究者の例に沿って辿ろうと思います。ベルクソンを除いては、皆、私が授業でも扱った例ですので、いわば、ここにいらっしゃる学生、卒業生の皆さんも訪れたことのある私の好きな庭を巡ってご一緒に散歩するというようなことになるかと思います。

ただ、好きな庭を巡るといっても、それはバラバラのものではなく、一貫した性質を持っています。言い代えるなら、それらは皆、私がフランス文学・哲学・研究において特に愛するある特質を持っています。そして、その一貫した特質というのが「ろくろ首」なのです。

「ろくろ首」とは何か。それは、私が大学一年生の時に、キリスト教のサークルの合宿で宇治の修道院に泊まった時に、そこの院長だった奥村一郎師が雑談でおっしゃった話から来ています。

師は、ヨーロッパ生活、特にフランスでの生活が長かった方ですが、その方がおっしゃったのは、どうもわれわれ日本人にとっては、理論というのは、いわゆる理屈になって宙に浮いてしまうが、ヨーロッパの人たちにおいては、理論が、ろくろ首のように、どんなに長くても、その根が感覚とか直観につながっている、という気がする、と言われました。つまり、このお話では、頭が、理論とか知性的なもの、身体が、感覚とか直観とかを意味して、ヨーロッパ人においては、理論とか知性的なものが宙に浮いているのかと思うほど延びているのだけれど、切れているようで、その根っこが感覚・直観につながっているというのです。

このろくろ首の話は二つの方向で考えることができます。宙に浮んでいるかと思うほど延びている頭が根っこで身体につながっている、という方向と、逆に、身体から頭が驚くほど先に延びているという方向です。

私は、この話をその時は、そんなものかなあ、と、ただ聞いていたのですが、フランス文学・哲学・研究を長くやるうちに、自分がそれらのものにおいて惹かれる様相というのは、この二番目の方向のろくろ首である、と感じるようになりました。つまり、直観、感覚的なものが根源をなすけれども、そこから理論、知性的なものが驚くほど先に延びている、という様相です。大切なのは、首は延びているけれども、身体と切れていないということ、あくまで首は身体からのびている、ということです。

それでは早速、私の好きな「ろくろ首」めぐりを始めますが、最初の例は、意外と思われるかもしれませんが、ランボーです。特に、「見者の手紙」の一節に注目したいと思います。

①をご覧下さい。

第一節　詩人の例：ランボー「見者の手紙」に関して

①「詩人は、あらゆる感覚の長く大規模な、そして、よく考えられた錯乱によって見者となるのです」

先ず、なぜ「あらゆる感覚の錯乱」(déréglement de tous les sens) が必要か、と言うと、要するによく見るためです。私たちの五感は、ものを見ているようで、実は生活の便宜に役立つ要素だけをピックアップする、根本的に功利的な成り立ちのものです。動物として生きるために必要な功利性に根本的に規制されてしまっているものです。ですから本当にものを見るためには、その功利性の枠組みを外さなければならない、それが、「あらゆる感覚の錯乱」です。

そして、この言葉の少し前にある、有名な、②「我とは他者であります」《Car Je est un autre.》という言葉は、十二分に見ることによって、我が単なる我に留まることなく、世界を受けとめる桁外れの器になる、ということを意味しています。

では、そのような《錯乱》(dérèglement)という言葉についた《raisonné》という形容詞は何を意味しているでしょうか?《raisonné dérèglement》という、この形容詞と名詞の組み合わせは、明らかに相矛盾するものです。ここでの《raisonné》の意味としては、プチ・ロベールのこの形容詞の説明の二番目の意味に当たると思われます。②《Appuyé de raisons, de preuves》, すなわち、直訳しますと「理由や証拠に支えられた」ということで、例としては《Projet raisonné》「良く考えられた計画」の用例があがっており、同義として《calculé, étudié, réfléchi》すなわち《計算された、研究された、熟考された》が挙げられています。

ランボーは、「良く考えられた錯乱」が必要だと言っているのです。しかし良く考えることと錯乱は同時には成りたちえません。ですから、このランボーの言葉は、錯乱が単なる錯乱に終わらず、それが熟考の場に置かれることが必要である、と主張していると思われます。それは、方法論の意識の中に置かれることと言っても良いですし、錯乱すなわち見ることが考えることに繋がっていなければならないと、たったの一言で主張していると思われます。

ランボー自身は、この見者の手紙の詩論以外にまとまった詩論を展開したわけではありませんが、それは、詩人の創作と不可分な方法論としてあり、ランボー以後、シュールレアリスムを経て、現代の例えばイヴ・ボンヌフォワ Yves Bonnefoy のような詩人に至るまでの、見ること、すなわち受け止めることと考えることの不可分性、そして、見ることが考えることのうちに展開してゆく可能性を電光石火のうちに啓示したのだと思います。

ボンヌフォワは、その卓越した詩論『詩の行為と場』(L'acte et le lieu de la poésie) において、象徴派の詩人に、ボードレールからランボーを経由する系譜と、マラルメに発する系譜を区別して、精神 (esprit) を出発点にする後者に対して、存在 (être) を出発点にし、此処 (ici) と今 (maintenant) に生き、死すべき存在 (mortel) に対する愛に生きるボードレールとランボーの系譜を対置しますが、《良く考えられた錯乱》の系譜は、ボンヌフォワの区別したこの第二の系譜に重なるといえるでしょう。

ちなみに、今度は、プチ・ロベールの《raisonné》の第一の意味のほうを見ますと、④「推論の規範に合致した」(conforme aux règles du raisonnement) という意味で、例は、《Bien, mal raisonné》などとあり、これは、首から上だけの純粋な思弁を意味しますが、これに対してランボーが《Raisonné dérèglement》という言い方をした時に、首は身体につながったと思います。そういうわけで、私にとって、見者の手紙のこの言葉は、ランボーが電光石火のうちに見せてくれたろくろ首の可能性なのです。

二番目のろくろ首の例は、同じ文学でも小説家のプルーストです。『失われた時を求めて』の、特に『見出された時』に関して考えたいと思います。

第二節　小説家の例：プルースト『失われた時を求めて』の特に「見いだされた時」に関して

『失われた時を求めて』という小説は、皆様ご存じのように、最終巻「見い出された時」において、次のような啓示と、その啓示による、文学創造の意義の確認をもって終わります。

まず「啓示」ですが、⑤をご覧下さい。

⑤「実際、その時、私のなかで、楽しい印象を味わっている人間は、その印象の中にある、昔のある日と現在との共通域、つまりその印象のなかにある超時間の領域で、その印象を味わっているのである。そんな人間があらわれているのは、その人間が、現在と過去とのあいだの一種の同一性によって、事物のエッセンスを糧として生き、そのエッセンスを楽しむことのできるような唯一の環境、すなわち時間の外に出ることのできる場合でしかない。プチット・マドレーヌの味を無意識的に認めた瞬間、自分の死についての不安がはたとやんだように思われたわけはこれで説明がついた。あのときの私という人間は、超時間の存在であったから、したがって未来の無常も気にならなかったのだ。」(井上究一郎訳)

そして、このような啓示は、文学的創造の意義の次のような確認に到達させることになります。⑥をご覧ください。

⑥「今日のこの最も素晴らしい日、私の思考の古い模索のみならず、さらに障害の目的と、そして、おそらく芸術の目的さえもが、突然私に照らしだされたこの輝かしい日。」(井上究一郎訳)

そもそもこの小説の冒頭に マドレーヌ体験として印象的な登場をする「無意志的記憶」が主人公によってなぜ重視されたかといえば、「意志的記憶」が「知性と目の記憶」であって、過去の真実を伝えないからでした。また、この小説に登場する画家エルスチールの美学に関しての記述にも見られるように、眼に見えるままの物を描こうとするのを妨げるのも知性と、知性によってつくられる概念であって、この小説においてプルーストは、ここまで基本的に知性に対して非常に批判的です。

しかし、冒頭のマドレーヌ体験の直後に主人公はこう言います。⑦をご覧ください。

⑦「なぜこの思い出が私をこんなに喜ばせたのかはまだわからず、そのわけを見つけるのはずっと後のことにしなければならなかった。」(鈴木道彦訳)

こう述べているのに対して、『見出された時』に描かれた一連の体験には、先ほど読み上げたように、そのような体験の与える喜びの理由を捉える知性の働きがあり、その理由を見つけた瞬間に、文学的創作の意義が確立するわけです。

主人公が、無意志的記憶がなぜそんなに無尽蔵な喜びを与えるかわからない、と感じた時からもう首は延び始めていたのでしょうが、いま、最終段階で、しっかりと首は延びきって、その《ろくろ首》の様が、あの《見出された時》という巻であると言えると思います。

プルーストと知性の関係について、『見出された時』の巻を中心とした鈴木道彦先生の鋭い指摘がありますので、引用させて頂きます。⑧をご覧ください。

⑧「事実、啓示によって文学の根拠を捉えたと思った瞬間から、あれほど批判され、目の敵にされた知性が復権して、最後には作品を完成することにさえなったのだ。考えてみれば、プルーストが知性（inteligence）と言う語に担わせた役割は両極端とも言えるもので、最初は真実を妨げるものでしかなかったのに、今や感覚や印象という「表徴（シーニュ）」を読み解く作業一つをとっても、最終的には知性の力にたよらざるを得ないのだ。そこから次のような言葉が生まれる。

《作家にとっての印象とは、科学者にとっての実験に等しい。ただ、科学者においては知性の働きが先立つのに対して、作家の場合はそれが後から来る。（XII-327）》

《陰画を知性に近づけない限り、それが何なのか私たちには分からない。知性がそれを照らし出し、それを知性化したときに、はじめて人は自分が感じたものの形を見分ける》（XII-354）」

鈴木道彦『プルーストを読む―『失われた時を求めて』の世界』（集英社新書）

カッコ内は、(集英社版巻数、頁)

最後のプルーストの引用文二つに注意して下さい。第一の引用文では、「作家においてはそれが後から来る」というところが肝腎です。わが愛する《ろくろ首》においては、首は上からついたのではなく、あくまで身体のほうから伸びているのです。

第二の引用文では、「はじめて自分が感じたものの形を見分ける」というところが肝腎です。まず「感じて」、その後に「見分ける」という作業が来るのです。

あの《マドレーヌ体験》というロマンチックなエピソードで始まる小説の構造が『見出された時』という《ろくろ首》のうちに成就するわけですが、翻って考えるならば、無意志的記憶のテーマのみならず、小説の至るところで、《土地の名前》を巡って、《習慣》を巡って、至る所で首が延びていて、この『見出された時』という巻は、その傾向の仕上げというべきものであることは、プルーストの読者は皆知っていることです。プルーストを読む喜びも、マドレーヌ的なものとろくろ首の共存であるといえるのではないでしょうか?

さて、三番目は、《わが愛するフランス文学・哲学・研究》の最後の研究者の例で、ジョルジュ・プーレの特に『人間的時間の研究』を取り上げたいと思います。

プーレは、広い意味での《新批評》(Nouvelle critique) と呼ばれる派に属する文学研究者であり、その方法論は「テーマ批評」(thématique) とプーレ自ら呼ぶものです。

その批評はどのようなものかを、プーレ自身の説明によって見て行きましょう。大学院で私のプーレの授業に出ていた人には、耳にたこができるようなことばかりですが、まあ、今日が最後なので我慢して下さい。

このプーレの説明は、スリジー・ラ・サルで開かれた『批評の方法』(Les chemin de la critique) という題の下に、自身の方法の先達をプルーストのうちに見出しつつした説明を参照したいと思います。⑨をご覧下さい。

第三節　研究者の例：プーレ『人間的時間の研究』に関して

⑨「一冊の本を読み終えたあとも、われわれの内心の声は、読書の間じゅうバルザックだとかフローベールだとかのリズムを追うことに慣らされていたものだから、まだ彼らの口調で話し続けたいと思うであろう」、と彼は述べている。他者の思考のリズムを自分の内面で引き延ばそうとするこの意志こそ、批評的志向の最初の行為なのだ。」(弓削光男訳)

批評の最初の行為は文体のリズムに乗って作者の世界に同化することであるわけですが、しかし、やみくもに同化しているだけでは、作家の世界の本質を捉えることはできません。

⑩をご覧下さい。

⑩　しかし、真の読書、批評的読書は、単なる模索ではない。読んでいるものと同化するということは、ただちにある特異な世界に投げ込まれることだ。そこでは、全てが新規で、しかも全てが最高の真実性を備え、全てが等しく絶対的な個性を有しているように思われる。（中略）それでは、この凡庸さやこの混乱を避け、他者の愚劣さのなかに、見知らぬ土地で道を探すように、我々を肝腎な場所（lieux essentiels）へ導いてくれる道を見出すにはどうしたらいいのか？（同訳）

各作家の文学世界における《肝腎な場所》（lieux essentiels）を見出すこと、それこそが文学研究の目的であり、この《lieux essentiels》こそ、後にプーレがテーマ（thème）と呼ぶことになるものです。この「肝腎な場所、本質的な場所」へ導いてくれる道、方法論は、作家の様々な作品を読むことによって、繰り返される特徴を「再認すること」（reconnaissance）のうちにあります。⑪をご覧下さい。

⑪　プルーストは書いている。「私はこの研究の中で『アミアンの聖書』以外の作品からラスキンの文章を沢山取り出して引用したが、その理由はこうである。ある作家の作品を一冊しか読まないということは、その作家と一度しか出会わないことだ。なるほどある人間と一度お喋りすれば、その人間の中にいくつかの変わった特徴を見分けることができる、だがそれらの特徴は、様々な状況の中で幾度も繰り返されて初めて、それが真に彼に特有で本質的なものであることがわかるのだ。」

（中略）批評においては、再認（ルコネッサンス）によって初めて認識（コネッサンス）が可能である。同訳（強調プルースト）

では、このような「同化」と「再認」による作家の世界の本質的場所の確定と、その様相の理解は、実際のプーレの研究においてどのようになされているのか、それを今日は、『人間的時間の研究』の中のラシーヌ論の例で見てみましょう。それは次のように始まります。⑫をご覧下さい。

⑫　ラシーヌの劇作は『ラ・テバイード』をもって始まる。ところで、早くもその冒頭の部分において、以後の全ラシーヌ劇はほとんどそれを蒸し返すにすぎないと言えるほど切実な、根本的な問題が喚起されるのである。

おお日輪よ、この世界に光を返す日の神よ、
なぜあなたはその光を深い夜の闇に閉じ込めておいては下さらなかったのか！

これは実在の問題であるが、ここでは直接その起源に関してではなく、存在の継続との関連において問題が提起されている。（二宮フサ訳）

ここでプーレは、ラシーヌの最初の劇である『ラ・テバイード』のしかも冒頭部分で、新たな日と言うものが、決して真に新たなものをもたらすことがない、そのような全ラシーヌ劇にくり返される時間

の様相が提示されている、と言います。プーレは方法としての再認（reconnaissance）と言いますが、私たちは、この部分を読むとき、プーレがここを読んだ最初の読書の時に、《本質的場所》を直感したのであろうことを感じます。他ならぬラシーヌのこの四行を読んだ時に、プーレのうちに、電光石火のように、その「場所」が照らしだされたのであろうと感じられます。そして、おそらく、ラシーヌの様々な劇を次々と読んでいくうちに、その直感は確認され、最終的には、次のような、ラシーヌの世界観ともいえるようなものに到達します。⑬をご覧下さい。

⑬『フェードル』の結末に至るまで、ラシーヌの全劇作を一貫して支配している観念は、根源から悪であることが露呈する世界、従ってその存続が。神＝光、神＝純粋という概念を損なうか曇らせることになる世界、の観念である。世界の存続の中に同じ罪、同じ情熱の繰り返ししか見ずにいると、しまいに、精神は、事物の暗い展開の中に、それら相互の依存関係しか認められなくなる。一個の存在の持続全体が、自分自身の目にも、自分を穢し自己を殺すもののきりもない繰り返ししか映らなくなる。（同訳）

ラシーヌ論は一つの例ですが、この『人間的時間の研究』の他の作家論の場合でも、プーレに引用されたテクストを読むとき、私たちは、プーレが作家のテクストを読んで最初に本質的な場所を直感した時の感覚（sensation）と言うものに生（なま）にふれる思いがして、そこから非常に観念的な理解まで伸びるろくろ首に私たち自身が同化する醍醐味を味わいます。まさにどちらかだけではなく、首がいかに深く身体に根ざしているか、首がいかに延びているか、その両方に対する感嘆を味わうのです。

それでは最後に、哲学者の例として、私の専門研究の対象であるベルクソンを取りあげます。特に『形而上学入門』と『物質と記憶』、『道徳と宗教の二源泉』に触れます。

第四節　哲学者の例：ベルクソン『形而上学入門』、『物質と記憶』と『道徳と宗教の二源泉』

ベルクソンはフランス哲学を概観した文の中で、フランス哲学全体を流れる二つの系統について次のように述べています。⑭をご覧下さい。

⑭　もし現代哲学のあらゆる傾向がデカルトと共通のものを持っているとするなら、全てに優位を占める合理主義がそれであろう。それが、デカルト以後の世紀の思想を支配してきたように、しかし、合理主義的傾向のかたわらに、というよりはむしろそれの下部に、合理主義そのものによって覆われ、しばしばそれに隠されて、今一つ別の潮流が現代哲学を貫流している。十七世紀の人々が《サンティマン》と言う言葉によって理解し、しかもあらゆる直接的かつ直観的認識をもそこに包含する限りにおいて、感情的（サンティマンタル）とよばれるものがそれである。ところで、この第二の潮流もまた、第一のものと同じく一人の哲学者に淵源している。すなわちパスカルが、哲学

の中にこの新たな思考方法を導き入れたのである。（掛下栄一郎訳）

デカルトとパスカルに発するこの二つの流れを、後のところで、それぞれ「幾何学の精神」、「繊細の精神」と呼んで、ベルクソンはみずから自分の哲学をパスカルの系統に位置づけています。私がフランス哲学において愛するのは、直観に根ざす、繊細の精神の系譜であると言えます。

そして、ベルクソンといえば、まさに認識の方法として、知性ではなく直観（intuition）を絶対的なものとして主張したことは有名です。ベルクソンの主張する直観とは何かを見るために、『形而上学入門』の有名なテクストを紹介します。

⑮　形而上学に関する様々な定義や、絶対に対する様々な理解を、たがいに比較してみると、哲学者たちの意見は、なるほど外見は異なっているけれど、物を知るのに大変違った二つの様式を区別する点では一致していることに我々は気がつく。第一の様式では、われわれは物の周囲を回り、第二の様式では、われわれは物の内に入る。第一は、我々がどのような観点に立ち、そしてどのような記号によって自分を表現するか、で左右される。第二は、どのような観点にもしばりつけられず、そして、どのような記号にもよりかからない。第一の認識について、それは、相対者の傍らに立ち止まり、第二の認識については、そのような認識が可能な場合には、それは絶対者に到達すると言えるだろう。（矢内原伊作訳）

ここで、直観は、対象のユニークなところとの共感、として、有名な定義「共感」(sympathie) が出てきます。例えば、一人の人間を様々な観点から、いわば偏差値的捉え方をしていては理解できないその人のユニークなところを直観は共感によって一気に捉えるわけです。

そして、ベルクソンが、同時代の生物学の知見を、実に専門家に勝るとも劣らないと思われるような吸収の仕方をして、それらの知見を収斂させて生命進化の本質的様相に対する直観を一言で表現したのが有名な《生の躍動》(élan vital) です。

では、共感 (sympathie) としての直観を、絶対を捉える能力として主張したベルクソンは、頭が直接身体に着いている《猪首》かと言いますと、それは、ベルクソン哲学についてまわる誤解なのです。たしかにベルクソンの哲学の核心をなすのは、実在の本質に共感するものとしての直観ですが、しかし、実際には、その哲学は、直観を補足する方法によって十二分に発展した形をなしています。

ベルクソン哲学を少し深く理解すれば注目することになる、そのような補足方法の二つについて、説明を簡潔にするため、ドゥルーズの『ベルクソン哲学』によって説明します。補足方法の第一のものは、ドルゥーズが「分割」(division) と名づけるものです。⑰をご覧下さい。

⑰　ベルクソンの純粋なるものへの執着は、質的差異の回復のところへ再び戻ってくる。質的に異なるものだけが純粋であると言われることができるが、質的に異なるのは傾向だけである。した

がって混合されたものを、質的で資格を認められた傾向によって（中略）分割しなければならない。（中略）分割としての直観。（強調　ドゥルーズ）

この「分割」と呼ばれるものは、思弁的分割ではなくて、実在に沿って、それが含蓄する傾向を分割するという方法ですが、それが、ベルクソンにおいて分析に代わる役を果たすわけです。この方法の典型的な例としては、ドゥルーズも挙げていますが、『物質と記憶』の冒頭で、実際の知覚から出発して、そこに含蓄されている純粋知覚と純粋記憶を分離する論の展開に見られます。純粋知覚は、例えば視覚でいえば、物の色が発する波長が器官を通じて脳に刺激を与えるというような様相を指しており、実際の視覚は、そのような刺激を、以前に見たものの記憶で裏打ちすることによって判別が可能になっているわけです。この純粋知覚と純粋記憶は、現実の知覚が含蓄している傾向であって、実際にはどちらも極限まではいかないものとして混じっているわけですが、それを極限まで押し進めて考えることによって、ベルクソンは、ベルクソン流の分析（analyse）をしているわけです。

ところで、ベルクソンにおいて直観を補うもう一つの方法、それは、交差（recoupement）による方法です。これについてもドゥルーズの説明を引用します。⑱をご覧下さい。

⑱　実在は、自然的な区分あるいは質的な差異によって分割されるものであるのみならず、観念的または潜在的な同一点へと収斂するいくつかの道によって交差するものである。（強調ドゥルーズ）

この方法も単なる思弁ではなく、実在の方向性を延長して交差させることによって、蓋然的な結論を得る方法です。

そして、この方法は、非常に大きなスケールで、『道徳と宗教の二源泉』の著作を根本的に支えることになりました。つまり、第三の主著『創造的進化』の結論として出てきた、世界の存在全体が湧出する根源としての神の存在という結論に、神秘家たちの証言する神の本質というものを交差させたところに、ベルクソンは、最後の主著『道徳と宗教の二源泉』を構築しました。

改めてベルクソン哲学の全体を見ますと、このように直観による認識を絶対的認識としながら、そこから、分離と交差の方法をもって、合理的哲学とは根本的に違うものながら、大きな広がりを持つ総合的哲学となりえています。

『創造的進化』の《エラン・ヴィタル》のキーワードはあまりに有名ですが、有名なだけに、この書を読まないで想像している人は、文学的叙事詩としての進化論なのだろう、と容易に誤解してしまいますが、ベルクソンが同時代の生物学のごく特殊な問題についての論文までも読みこなしたうえで、それらの事象の核心を《エラン・ヴィタル》という内からの把握のうちに直観し、それを更にいかに分離と交差の方法で補充しながら堅固な哲学をなしているか、是非、本物を読んで頂きたいと思います。

先に引用しました『フランス哲学概観』のテクストの少し後に、フランス哲学の二つの流れのうち、パスカルの系譜を直感(sentiment)によって特徴づけた後に、ベルクソンは次のように言っています。⑲

をご覧下さい。

⑲　この方法は、推論の持つ幾何学的欠陥を《繊細な精神》によって改めるものであるがゆえに、純粋な理性ではないが、かといってあらゆる人によって確かめられ正しいものとして受け入れられることが可能な結果に到達するがゆえに、決して神秘的瞑想ではないのである。（掛下栄一郎訳）

ベルクソンは、この系譜の哲学について、純粋理性ではないが、単なる神秘的瞑想ではなく、誰にも理解される普遍的結果にいたる、と言っています。すなわち、パスカルもベルクソンも、直観から、ろくろ首を延ばすことによって、その哲学を十全に発展させ、万人にうけいれられるものにしたと言えると思います。

フランス文化を研究する日本人である私にとって、ろくろ首を生きることは何を意味するかと言えば、それは、身体の表す直観的認識のいわば日本的感性と、それと切り離せないものとして、そこからのびるろくろ首の西洋的理論の展開を不可分のものとして生きることであって、本日挙げましたようなフランス文学・哲学・研究の系譜は、私に、フランス文学・哲学を研究する日本人としての醍醐味を味わわせてくれます。

結び

最後に、ランボーがドムニーに宛てた見者の手紙の二日前に、自分の師イザンバールに宛てた手紙の一節⑳をご覧ください。この手紙のほうでは、見者の手紙と少し違った言い方をしています。

⑳ C'est faux de dire :Je pense :on devrait dire on me pense. Pardon du jeu de mots.
《「我思う」というのは間違いです。「人我を思う」と言うべきでしょう。言葉遊びをお赦し下さい》

私は、「人我を思う」すなわち、自分に現れてきたものを十分受け止めたうえで、「我思う」すなわち思索を追求してゆきたいと考えております。

これを以って、私の最終講義といたします。ご清聴有難うございました。

お茶の水女子大学共通講義棟3号館第一講義室
（二〇〇九年三月二八日）

不幸のユートピア
――東日本大震災と文学の力――

本日はこのホーム・カミングデーの機会に文教育学部で講演をするようにお招きいただきまして、心から感謝申しあげます。卒業生の皆さん、お久し振りにお目にかかれて、とても嬉しく思います。それで、ホーム・カミングデーに元教師が講演をする場合、何をお話しすべきか、と考えました。そうしますと、定年退職以来、社会で起きた大きな出来事と、それを巡って考えたこと、考えていること、要するに、広い意味での近況報告ではないか、と思いました。そして、それが皆さん自身の今の生活にとってもなんらかの参考になれば良いのではないか、と思いました。

五年前の私の定年退職以来起こった大きな出来事といえば、言うまでもなく東日本大震災です。この出来事は、日本の過去・現在・未来を考えさせるものであっただけでなく、世界の過去・現在・未来を考えさせるような出来事でした。そのような出来事を経験しつつ、私という人間が感じ、考えたことをお話ししたいと思います。今回の大震災は、地震と津波という天災と、それを契機とする原発事故という人災の複合災害ですが、まずは、その複合災害の全般を巡ってのお話をして、最後に、特に原発事故という人災を巡ってお話ししたいと思います。

3・11の出来事については、東京にいた私たちは、東北の被災地で起こったことに胸がつぶれる思いでしたし、夏までの五か月あまり、毎日毎日、朝から晩まで続く余震に、私たちはある意味では、身体感覚をもって被災地の人々の恐怖と不安をいささかは共にしていたともいえます。そんな時期の、震災から三日目のことだったと思います。私は仙台市の中学校に設けられた避難所からの中継を見ていて、胸を打たれる出来事に出会いました。まだ物流が悪くて、届けられたお握りも、一個を分け合って食べている状態だとのことでした。そこへ、この中学のコーラス部が全国コンクールに出る予定だったのだけれど、震災でそれどころではなくなって、参加を取りやめることになり、その代わりに、避難所になった体育館で、被災者支援コンサートをやる、とのことでした。私は正直、一個のおにぎりも分け合って食べているような状況の中で、コンサートを聴くどころじゃない気持ちだろう、とむしろ危ぶむような気持ちで見守っていました。ところが、コンクールで歌うはずの歌を生徒たちが歌いだしたとき、驚くべきことが起こりました。固い体育館の床に座って聞いていた被災者たちが滂沱と流れる涙を抑えることもできずに皆泣いているのです。それを見て私は感動しました。ああ、人間は一個のお握りを分けて食べている時にでも、歌に涙することができるものなのだ、と思いました。そして、あの「人はパンのみにて生くるにあらず」という有名な聖書の言葉を正に実感をもって思い出しました。

『あすという日が』という題のこの歌は、このあと、多くの避難所で歌われて被災者に感動と勇気を与えることになりました。歌詞を読みます。

「大空を　見上げて　ごらん／あの　枝を　見上げて　ごらん／青空に　手をのばす　細い枝／大きな　木の実を　ささえている／いま　生きて　いること／いっしょうけんめい　生きること／なんて　なんて　すばらしい／あすと　いう日が　あるかぎり／しあわせを　信じて

あの道を　見つめて　ごらん／あの　草を　見つめて　ごらん／ふまれても　なおのびる　道の草／ふまれた　あとから　芽ぶいてる／いま　生きて　いること／いっしょうけんめい　生きること／なんて　なんて　すばらしい／あすと　いう日が　くるかぎり／自分を　信じて／あすと　いう日が　くるかぎり／自分を　信じて」

全てを奪われて、不幸のどん底にいる人々のうちにあったのは、もはや日常的な喜怒哀楽ではなく、自分自身意識もしないような深いところから湧き上がる根源的な感情であったに違いありません。そして、そういう人々が耳にするとき、言葉の一つ一つはもはや日常的な言葉ではなく、いわば言葉が原初的に持っていた磁力のようなものが流れているものとして聞こえたに違いありません。そのとき、「いま　生きて　いること／いっしょうけんめい　生きること／なんて　なんて　すばらしい」というこの言葉は、現実の状況にもかかわらず、それ自身が、生きる力を与えるものとなりえたのだろうと思います。

3・11以後、歌そして詩が、被災者の人々に大きな反響をもって受け止められるということが至るところで起こりました。不幸のどん底にある人々のうちに湧き上がる深い感情を受けとり、伝え、励ます力を持つのは、やはり言葉であった、ということの発見、あるいは再発見がありました。今日一般的には失われつつあるかに見えた文学の力というものが、そのような思いがけない形のもとに復活するのが見られました。

そして、このような一連の出来事を目の当たりにしたとき、私はふと、自分が昔「不幸のユートピア」と名付けたある経験を思い出しました。

それは、母が旅先で脳溢血で倒れて危篤になった時に経験したことでした。お茶大の仏文研究室に連絡がありまして、私は授業を休講にして、取るものもとりあえず、電車を乗り継いで、深夜、山の中の病院のベッドに昏睡状態で横たわる母のもとにかけつけました。お医者様は、色々検査をしたけれども、もはや手の施しようのない状態で、後は時間の問題である、ということでした。いきなりの事態に衝撃を受け止めるのがやっとの状態で私は母のベッドの傍らに座って母をみつめました。するとその時、私は、自分は今ほど母のそばにいたことはなかった、今ほど母の運命を深く共にしたことはなかった、と感じました。一種特権的な時間にあると感じたのです。「不幸のユートピア」という言葉が浮かんだのは、その時でした。「ユートピア」というのは、もともとギリシャ語の語源では、「どこにもない場所」という意味で、一般的には理想郷を意味します。ですから、それは普通は幸福のイメージと結びついているわけですが、私は、この時、まさに母を奪われそうになって不幸の只中にいる時に、同時に、深く純粋な気持ちが湧き上がり覚醒して、一種の特権的な状態、つまり「ユートピア」にあることを意識したのです。不幸の只中にいるからこそ経験する精神的ユートピアというものがあるのだと思ったのです。

そして、私が被災者の人々の状態を考えた時に、「不幸のユートピア」という言葉が思い出されたのは、まさに全てが奪われて、いわばあらゆる意味で「更地化」された状況で、存在の深いところからの感情が湧き上がり覚醒する、そのような、圧倒的な不幸がもたらす「更地化」と精神の覚醒という二つの要素が根本的に私のあの時の体験に通うものであったからです。そして、3・11以来、私たち日本人は、被災者の人々との共感を通じて、私たち自身も若干なりとも大震災による「不幸のユートピア」を共に生きていると思います。被災地を訪れた人が逆に被災者に励まされたとしばしば言うのは、被災者の覚醒した精神に触れることによって自分自身の精神が覚醒される経験を指しているのに違いないだろうと思います。そして、このような共有体験に伴って前に述べました言葉の磁力の回復と文学の力の復活という経験も共有していると思います。

そのような東日本大震災のもたらした「不幸のユートピア」と文学の力ということについて考えますと、初期には、特に歌と詩が目につきましたが、やがて、小説の存在が目につくようになりました。歌と詩が大震災で湧き上がった深い感情を受け止め、伝え、励ます働きをしたとするならば、小説は大震災が投げかけた根本的・実存的な問題をじっくり考え分析することを助ける働きをしたといえるのではないかと思います。ドストエフスキーの『カラマーゾフの兄弟』を取り上げる人たちもいましたが、何人かの人に取り上げられ、私自身3・11以後、折にふれて反芻し、考えるよすがにせずにいられなかったのは、フランスの現代作家カミュの小説『ペスト』でした。

ペストのために封鎖されてしまったオランの町を通じてカミュが示唆しようとしたのは、ナチス・ドイツに占領されたフランスの状況でもあったそうですので、その意味では、この小説は、複合災害としての東日本大震災をも含蓄しうる象徴性を持っているとも言えるかもしれません。東日本大震災での私たちの経験を重ねて考えるよすがとなりうる箇所は多々ありますが、今日は、そのうちから二か所だけを取り上げることにします。

大震災から一か月ほど経ったときに、ローマ法王がテレビで一般の視聴者たちからの質問に答えるという番組に、日本の七歳の少女が応募して選ばれて、ビデオレターで法王に質問した、という記事が新聞に出ました。子供の素朴な質問には、大人もあえて口にしないような非常に本質的なことが問かけられていることがしばしばありますが、これも正にそういう質問でした。その質問は、「地震はとても怖かったです。私と同じくらいの年の子供がたくさんなくなりました。どうして日本の子どもたちがこんなに悲しい思いをしなければならないのでしょうか?神様とお話しができる法王様教えて下さい」というものでした。この少女の質問は、特にキリスト教の文脈で、一八世紀のリスボン大地震あたりから大災害のたびに提出されてきた大問題、いわゆる「神義論」、神の義の論と書きますが、つまり、大災害において神の正義がどこに存在するのか、という大問題に他なりません。

この問題は『ペスト』という小説では、罪のない子供がペストに苦しみ死んでいくのを、どう受け止めたらよいか苦悩するパヌルー神父という人物についての次のくだりで考察されています。

「神との関わりで説明出来ることと出来ないことがある、とパヌルー神父が強調して言ったとき、リュウー医師は、その言葉に注目した。確かに善と悪があり、一般的には、両者の区別を説明することは容易だ。しかし、悪そのものの内に難問が発生する。例えば、明らかに必要な悪があれば、明らかに不要な悪もある。地獄に投げこまれるドン・ファンがいれば、子供の死というものがある。（中略）そして、本当のところ、この地上において、瀕死の子供の苦悶とおぞましさほど重大なものはない。その苦悶に道理をみつけられるかどうかということほど重大な問題はない。（中略）パヌルー神父はペストが突きつける壁に対して、それを乗り越えることを可能にする何らかの安直な宗教的考え方に訴えることは拒んでいる。（中略）この神父は、十字架が象徴するキリストの引き裂かれた状態に習って、ペストの突きつける壁のもとに留まったまま、子供の死の苦悶に直面し続けていくだろう。」

これは、とても容易に答が出るような問題ではありませんが、この箇所を含めてのパヌルー神父の描写の中には、この問題についてカミュが考えたぎりぎりのところが記されていて、私たちがこの問題を考えていくための一つのよすがを与えてくれます。

次に取り上げたいと思う箇所は、主人公のリュウー医師が、ペストが終息した時点で記録を残す決心をして、自分の経験を振り返る箇所です。ここには、天災というものに対して取るべき姿勢や、天災を通じて得る認識についての結論ともいうべきものが表明されています。

「リュウー医師が、この場所を最後の場面とする一つの物語を書こうと決心したのは、その時だった。口を閉ざすことなく、ペスト患者のための証言をするために、彼らが蒙った不正と暴力の記憶を残すために、そして、人間のうちには、軽蔑すべきことより賞賛すべきことのほうが多く存在するという、天災の只中で人が学ぶことを率直に伝えるために。

しかし、彼は、その記録が、決定的勝利の記録ではありえないことも知っていた。それは、自分が果たすべきであった務めについての証言になるだろう。そして、また、今後も、全ての人間が、個人的には引き裂かれていようとも、天災のもたらす恐怖や絶えざる攻撃に刃向って果たすべきであろう務めについての証言になるだろう。」

ここには、天災に対して人が取るべき姿勢は、死というものの存在ゆえに決定的勝利とはならないにしても、天災のもたらす恐怖と攻撃に対するたゆまざる戦いの姿勢であり、その戦いを通じて学ぶことは、人間のうちには、軽蔑すべきことより賞賛すべきことのほうが多く存在するということである、という、カミュの根本的ヒューマニズムの立場が表明されていて、私たちにやはり深い感動を与えます。

さて、このように、大震災によってもたらされた「不幸のユートピア」と文学の力について考えていた時に、最後に私の念頭に浮かんだのは、フランス一九世紀の詩人ランボーの詩集『イリュミナシオン』の冒頭の詩「大洪水の後」でした。

この詩は、次のように始まります。「かの大洪水の記憶も落ち着いたころ／一匹の兎が、岩あふぎとつりがね草とのゆらめく中に足をとめ、蜘蛛の網を透かして、虹の橋にお祈りをあげた。／ああ、隠れていた数々の宝石、はや目を見張っている花々。」

この後には、大洪水に洗われて輝く、めくるめくような豊かな地上のイメージが展開します。一見、詩人は大洪水が収まった世界を祝福するかのように思われます。ところが、最終部分でこの詩は次のように突然調子を変えます。「池よ、湧き出せ、橋の上に、森の上に、泡立ち、逆巻け—黒い織物のように、オルガンの音を立てて—稲妻も雷も—立ち上がり、逆巻け—水よ、悲しみよ、また、かの大洪水を盛り上げてくれ。」

ランボーが詩人として抱いていた願望は、というか野望は、自分の詩が、西洋が近代までに蓄積した文明そのものを大洪水のように流し去り更地化して、人々の意識を覚醒させることであったと言えると思います。その意味で、詩人が願望したのは、自分の文学そのものが「不幸のユートピア」をもたらすことであったと言えると思います。そして、ランボーという真の天才のその願望は、本当にある程度実現した、今も実現している、と言えると思います。文学というものは究極的には、そこまで行きうるものだ、というのが、この詩を巡って私が考えたことの一つの結論でした。

さて、「不幸のユートピア」と文学の力を巡って、ここまで話が行き着いたところで、最後に、特に原発事故による災害のことを考えたいと思います。それは、国会事故調が結論づけたように、事故に至る歴史を含めて本質的に人災ですから、ことは当然政治にかかわることになってきます。

原発事故という未曽有の災害は、圧倒的な不幸として、それまでの様々な思い込みを一掃して、多くの真実に目覚めさせてくれました。それは、まず、原発の安全神話を崩壊させて、原発に伴う放射性廃棄物という解決不可能な問題の存在に気付かせてくれました。また、多くの人同様に、私は事故によって初めて、福島の原発から東京が電気を受け取っていることを知ることになりましたが、その時、これは、基地をめぐる沖縄と本土の関係と相似であると気付かされました。また、平和利用の原発と核兵器は無関係と思っていましたが、プルトニウムの存在を通じて潜在的につながっていることにも気付かされました。そして結局、原発事故という未曽有の不幸は、私たちに、一国の安全や平和や幸福というものの枠を超えて、真に地球規模の人類の安全と平和と幸福を願う、抽象的ではない真摯なヴィジョンをもたらすインパクトとなりました。そのような意味では、原発事故は、その全体としてスケールの大きい「不幸のユートピア」を生み出した、と言っても良いだろうと思います。そして、そこに開けた一国を超えた安全と平和と幸福を求めるヴィジョンは、もう一つのまさに「不幸のユートピア」と呼ぶべきもの、すなわち、日本の敗戦後の更地で、それまでの軍事的ファッショ体制への深い反省の上に生まれた、人類の安全と平和と幸福を求めるヴィジョンと深いところで呼応していると思います。

しかし、残念ながらいま現在の首相に率いられた日本の政治は、この二つの「不幸のユートピア」を結ぶヴィジョンを真っ向から否定するものとなってしまっています。日本という一国の経済の発展のために、地震国であるトルコを含む中東諸国を巡って旧式の日本製原発を売りこみ、国会事故調委員長の黒川清氏が、三年前の事故を忘れてしまったかのようだ、と嘆くようなエネルギー政策を新たに立て、また、集団的自衛権に対する政策などを通じて戦争のできる国を目指しての突進がとまりません。このような憂うべき危機的状況の中で、最後にもう一度、文学の力のことを考えてみたいと思います。今、原発事故と敗戦の引き起こした二つの「不幸のユートピア」を結ぶヴィジョンのことをお話ししていますが、特に後者の、戦争のもたらす不幸、を巡って文学の力ということを考えてみたいと思います。

四年前の直木賞受賞の中島京子さんの小説『小さいおうち』は、非常に技巧の凝らされた小説ですが、今日の問題との関わりであえていささか単純化した形で取り上げたいと思います。この小説は、太平洋戦争直前から終戦までの時期の一つの家庭の日常生活を描いたものです。しかし、その日常生活には、たえず戦争の影がひたひたと押し寄せていて、果物が中から腐るように、この家庭も結局崩壊してしまいます。ここには、戦争そのものを描かずして、日常生活を通して、戦争のもたらす根本的悪というものを感得させる優れた文学があります。この小説は、女中のタキによって語られる奥様を中心とした家庭生活という形を取っていますが、最後に田舎に帰ったタキが、戦争末期、終戦、とあまり変わらぬ日常生活を送っているその間にも、タキの知らないうちに、既に奥様は空襲で防空壕の中で亡くなっています。小説の初めから奥様の家庭にたえずひたひたと押し寄せていた戦争の影は、ついに、日常生活の只中に、空襲による死という悲劇そのものとなって襲いかかっていたのです。そのことを知ったタキは茫然として記します。「わたしの毎日は、変わらず続いていて、終戦もあり、ジープも見たのに、奥様の毎日はもうとうの昔に終わっていて、わたしはそれに気づかず過ごしていた。」

作者の中島京子さんは、先頃、ベルリン映画祭でこの小説の映画が主演女優賞を獲得した機会にインタビューに答えて、「この小説に描いた戦争直前の日本に現在の日本が非常に似ているので怖くなる」と語っていましたが、それを読んで私はフランス現代の作家サルトルのことを思い出しました。サルトルは、第二次大戦直後に発表した『文学とは何か』という文学論で、現代の作家は、世界の状況を暴露するために作品を書くのでなければならない、という「社会参加の文学」の理念を主張して、同時代の世界に圧倒的な影響を与えましたが、一九六〇年代半ばに来日した時に、日本の小説として谷崎潤一郎の『細雪』を称賛しました。『細雪』は、もちろんそれとして傑作ですが、しかし、同じく太平洋戦争間の一つの家庭の日常生活を描いたものとして、『細雪』と『小さいおうち』を比べるならば、世界の状況を暴露するという「社会参加の文学」という視点から考えますと、戦争の悪を暴くものとして、『小さいおうち』のほうがずっとインパクトを持っていると言えるだろうと思うのです。

以上、大震災と文学の力を巡って私の考えたことをお話してきましたが、今、私は、まず、被災者の人々が、なんとか不幸に押し潰されることなく、「不幸のユートピア」を生き切ってもらいたいと切に願っています。そして、政治がもっともっとそれを助けるものであってほしいと願っています。そして、私自身は、自分の基本的仕事として文学・思想研究を変わらず続けながらも、復興が遅々として進まないうちからもう風化が進んでいる被災地の不幸を忘れることのないようにできるだけフォローして、さしあたって出来る意思表示として脱原発デモにも参加しつつ、自分なりに大震災のもたらした「不幸のユートピア」のヴィジョンを生きよう、と思っています。そして、文学というものは、常に多面的に力を発揮するものですが、この問題への取り組みにおいても、大切なよすがとしていこうと思っています。また、世界には東日本大震災以後も多くの不幸が生じていますから、基本的にはそれらに対しても、一人の地球市民として基本的に同様の姿勢で対していきたいと考えています。

これで、私の近況報告を兼ねたお話を終えさせて頂きます。皆さん、ご清聴どうも有難うございました。

お茶の水女子大学ホームカミングデー・文教育学部名誉教授講演会

（二〇一四年五月三十一日）

（注：講演の当日、日本の少女の問いかけに対して、法王の返事はどういうものだったのか、という質問が出た。法王の答えは、「私にもわかりません。けれども、神は、苦しむ者の傍らにいらっしゃることは確かです」というものであった。）

あとがき

本書は、私がお茶の水女子大学を定年退職した二〇〇九年から二〇二四年までの十五年間の論文、最終講義、講演、計六編を収めた第三論文集である。

総題を『哲学者と詩人』としたが、実質的内容は、ベルクソンとクローデルについての論である。大学に入る時、漠然と、文学と哲学の間のあたりを勉強したいと思ったが、その六〇年後の結果がこの論集であると思うと、いささか感慨深い。私の研究対象は、哲学者はずっとベルクソンであるが、文学者は、キリスト教作家を中心に少しずつ変化して、現在はクローデルである。この論文集に収めた最終講義の題は「ろくろ首の話」で副題を「わが愛するフランス文学・哲学・研究」としたが、ベルクソンもクローデルも「ろくろ首」の人に他ならない。

久しく前から、ペギーの『われらの青春』のドレフュス主義運動についての命題「神秘に始まり政治に終わる」に惹きつけられてきたので、本書に、この命題を核心とする「ベルクソンとペギーの相互影響」の論を書き下ろして加えることができたのは、大きな喜びである。

『われらの青春』の序文でアントワヌ・コンパニョンは、「政治に走った者たちより、神秘に忠実に留まって後衛となった者のほうが最良の前衛であったというのは、フランス解放の時にも一九六八年の時にも、その威光が消えた時に見られた構図であった」と述べているが、私自身がペギーのこの命題に重ねずにはいられなかったのも、大学院生として自分自身の経験した六八年の全共闘運動であった。

多くの問題を孕む社会の中にあって学問研究はいかにあるべきかという問題意識のあの運動の初期に、私は、ある友人に「この運動は霊の運動だと思う」と言ったのを覚えている。口にするとひどく奇妙に聞こえるのだが、学問研究の在り方に対して《改心》を求める一種の精神覚醒運動として、それが一番適切な表現だと思ったのである。そして、ペギーが「神秘」と呼ぶものも、ペギー自身の説明によれば、「魂の力の集合の中心」であって、その運動は、やはり《正義》と《真理》をめぐる《霊の運動》であったのである。

しかし、全共闘運動そのものは、セクトの暴力を始め、選択できない様々な要素に巻き込まれざるを得ず、私たちは、あの運動によって、あらゆる精神的運動の高揚と堕落の原型を味わったのだと思う。だからこそ、ドレフュス主義運動の堕落を見届けるペギーの精神の力に感嘆せずにはいられない。

いままでの論文集の《あとがき》では、それらの論集と同時代の日本と世界の状況に対する私個人の思いというものを綴ってきたけれど、日本の状況については、本論文集に収めた、東日本大震災を巡る、ホーム・カミングデー・名誉教授講演「不幸のユートピア」をご覧頂きたい。大震災の不幸の中で、思いがけなく歌、言葉、文学の力が復活した《不幸のユートピア》の状態はまだ続いているけれども、大震災から五年のこの講演の時点で心配した日本社会の問題は、現在すべて悪化の一途を辿っていることは、本当に嘆かわしい。

集団的自衛権の法案の可否が決まるという日は、今夜この法案が通れば憲法九条は骨抜きになり、日本は戦争が出来る国になってしまう、という、止むに止まれぬ思いで、終電前まで《シールズ》の若者たちと一緒に国会議事堂前のデモに参加したが、それは明け方に可決されてしまった。以来、日本の政治は、軍備費倍増も閣議でいとも簡単に可決されてしまい、戦後民主主義そのものを放りだしたような政治になってしまっている。忘れやすいというのは、私たち日本人の悪癖であるが、軍国主義のもたらした不幸を決して忘れてはならないのだ。

他方、世界については、ウクライナとパレスチナにおける戦争が一刻も早く終結して、これが第三次世界大戦へと繋がらないよう祈るのみである。

また、昨年夏は、地球温暖化の弊害が世界中の多くの土地での山火事となって現れ、例えばマウイ島で発生した被害は島全体に壊滅的被害をもたらした。深夜、迫って来る大火から逃れるべく、世界中から集まってきていた避暑客の大群が、着のみ着のままで、アスファルトの道を飛行場に向かって逃走する様は、地球の滅亡への歩みが加速していることを実感させる絵図として衝撃を与えた。

ただ、地球温暖化の問題は、私たちの世界市民としての意識を否応なしに掻き立てるという意味では、

《幸いなる罪》ならぬ《幸いなる災い》として働いているのも事実である。

さて、こうした日本、こうした世界の中に生きる私個人の状況として今重大なことがある。今まで年を取ることを余り気にせずに生きてきたが、この三月で八十歳になったのである。四十になった時は、人生の折り返し地点に立った、という感慨をもって、やりたい事、やるべき事を、愚図愚図せずにやらないといけない、と思ったけれども、八十歳という年齢は、絶対的な重みをもっている。不思議な緊張感をもたらす。私が本当に若く二十歳を過ぎたばかりのころ、世田谷教会の主任司祭の今田明美師が癌になられ、教会報に「主よ、本番来たりぬ！」という文を寄せられたのを読んで、師の生涯が、この「本番」に向けて築かれてきたものであることを実感して深い感銘を受けたのを思い出す。私が今感じている不思議な緊張感も、根本的には、「本番」を近くにしている状況から来るものである。そして、その不思議な緊張感の中で、これからの時期が、今までに味わったことのない霊的な恵みの時期になる、という予感がする。この予感そのものが既に恵みである。

初出一覧

ベルクソン『笑い』最終節の《苦み》が問いかける問題
早稲田大学国際教養学部紀要二〇一一

ベルクソンとペギーの相互影響（書き下ろし）

《野生状態の神秘家》クローデル
L'Oiseau Noir　一八号（二〇一六）

『百扇帖』と《普遍的詩学》
L'Oiseau Noir　二〇号（二〇一九）

最終講義　ろくろ首の話――わが愛するフランス文学・哲学・研究――（二〇〇九年三月二八日）

不幸のユートピア――東日本大震災と文学の力――
お茶の水女子大学ホーム・カミングデー名誉教授講演（二〇一四年五月三一日）

著者略歴

中村 弓子（なかむら ゆみこ）

1944年、東京に生まれる。
東京大学教養学部フランス分科卒業。
東京大学大学院人文科学研究科仏語仏文学修士課程修了。
現在、お茶の水女子大学名誉教授。

著書：『心身の合一』（東信堂、2009年）『受肉の詩学』（みすず書房、2005年）、『宗教文学の可能性』（共著、春秋社、2001年）ほか。
訳書：カトリーヌ・バケス＝クレマン『レヴィ＝ストロース』（共訳、大修館書店、1974年）、アレクシー・カレル『ルルドへの旅・祈り』（春秋社、1983年）、エチエンヌ・ジルソン『アベラールとエロイーズ』（みすず書房、1987年）ほか。

哲学者と詩人――ベルクソンとクローデル――

2025年1月30日　　初　版第1刷発行　　〔検印省略〕

＊本体価格はカバーに表示してあります。

著者©中村弓子　／発行者　下田勝司　　印刷・製本／中央精版印刷

東京都文京区向丘1-20-6　　郵便振替00110-6-37828
〒113-0023　TEL（03）3818-5521　FAX（03）3818-5514

発行所　株式会社　東信堂

published by TOSHINDO PUBLISHING CO., LTD.
1-20-6, Mukougaoka, Bunkyo-ku, Tokyo, 113-0023, Japan
E-mail: tk203444@fsinet.or.jp　URL: http://www.toshindo-pub.com/

ISBN978-4-7989-1934-8　C3010　©Nakamura Yumiko

東信堂

〈グローバル・スタディーズ〉叢書 第4巻 グローバル化と日本	内海博文編著	四六〇〇円
文明化と暴力—エリアス社会理論の研究	内海博文	三四〇〇円
言説の国際政治学—理論、歴史と「心の地政学」	山本吉宣	六八〇〇円
「帝国」の国際政治学—冷戦後の国際システムとアメリカ	山本吉宣	四七〇〇円
アメリカ政党システムのダイナミズム—仕組みと変化の原動力	吉野孝	二八〇〇円
危機のアメリカ「選挙デモクラシー」—社会経済変化からトランプ現象へ	吉野孝・前嶋和弘編著	二七〇〇円
オバマ後のアメリカ政治—二〇一二年大統領選挙と分断された政治の行方	吉野孝・前嶋和弘編著	二五〇〇円
オバマ政権と過渡期のアメリカ社会—選挙、政党、制度、メディア、対外援助	吉野孝・前嶋和弘編著	二四〇〇円
オバマ政権はアメリカをどのように変えたのか—支持連合・政策成果・中間選挙	吉野孝・前嶋和弘編著	二六〇〇円
2008年アメリカ大統領選挙—オバマの当選は何を意味するのか	吉野孝・前嶋和弘編著	二〇〇〇円
米中対立と国際秩序の行方—交叉する世界と地域	五十嵐隆幸・大澤傑編著	二七〇〇円
ホワイトハウスの広報戦略—大統領のメッセージを国民に伝えるために	M・J・クマー著 吉牟田剛訳	二八〇〇円
蔑まれし者たちの時代—現代国際関係の病理	ベルトランド・バディ著 福富満久訳	二四〇〇円
サステナビリティ変革への加速	国際基督教大学社会科学研究所・上智大学グローバル・コンサーン研究所編	二七〇〇円
緊迫化する台湾海峡情勢—台湾の動向二〇一九～二〇二一年	門間理良	三六〇〇円
ウクライナ戦争の教訓と日本の安全保障	神余隆博・松村五郎著	一八〇〇円
「ソ連社会主義」からロシア資本主義へ—ロシア社会と経済の100年	岡田進	三六〇〇円
パンデミック対応の国際比較	川上高司・石井貫太郎編著	二〇〇〇円
現代アメリカのガン・ポリティクス	鵜浦裕	二〇〇〇円

※定価：表示価格（本体）＋税

〒113-0023 東京都文京区向丘 1-20-6 TEL 03-3818-5521 FAX03-3818-5514
Email tk203444@fsinet.or.jp URL:http://www.toshindo-pub.com/